JN452334

테이블 플라워 디자인

Table Flower Design

이 유 주 저

경 춘 사

테이블 플라워 디자인

지은이 이 유 주
플라워 디자인 · 사진 · 일러스트 이 유 주
발행인 안 중 기
발행처 도서출판 경춘사
등록번호 제10-153(1987. 11. 28)

인쇄 2006년 3월 1일
발행 2006년 3월 20일

서울 특별시 마포구 공덕 1동 117-25
전화 716-2502, 714-5246
팩스 704-0688

값 20,000원

ISBN 89-5895-022-6 93590

※ 이 책의 무단전재 또는 복제행위는 저작권법 제98조에 의거,
3년 이하의 징역 또는 3000만원 이하의 벌금에 처하게 됩니다.

머리말

의식주에 관한 디자인 중에서 식(食) 디자인이 새로운 분야로서 관심을 모으기 시작했으며, 다른 분야들과는 달리 오감의 밸런스를 디자인한다는 폭넓은 디자인 영역, 그리고 물리적 건강뿐만 아니라 정신적 건강과도 직결되는 식문화의 영역 등 다양한 영역이 요구된다. 그러므로 물리적인 시각적 접근에서 벗어나 감성의 시대인 21세기에 어울리는 새로운 종합 학문으로 연구되어야 한다.

현대의 식문화 공간은 기본적인 식욕을 충족시켜 주는 곳만이 아니라 사회적인 교류와 커뮤니케이션을 돕는 문화의 장이 되고 있으며, 테이블 데코레이션과 같은 식공간(食空間) 연출 분야는 감성에 민감한 멀티 소비자들의 공감각적 활동을 긍정적으로 자극한다. 이러한 테이블 데코레이션(table decoration)에 계절감과 생동감을 주는 테이블 플라워 디자인의 역할은 점차 중요한 위치를 차지하고 있다. 그러나 이와 관련된 시각적 자료가 부족하기에 본 서를 계획하였다.

전체 3장으로 플라워 디자인(flower design) 및 테이블 플라워 디자인(table flower design)에 대한 이론과 학습한 이론을 테이블 데코레이션에 감각적으로 적용할 수 있도록 구성하였다. 1장에서는 플라워 디자인의 정의·요소·원칙·구성 등을 논하였고, 2장에서는 테이블 데코레이션에 나타난 플라워 디자인의 표현특성과 역할, 센터피스 디자인(centerpiece design) 등을 서술하였다. 3장에서는 본인이 직접 디자인한 테이블 플라워를 구성 스타일별·이미지별·계절별로 다루었으며, 이에 어울리는 테이블웨어(tableware)를 연출하여 테이블 데코레이션과 센터피스의 조화를 한눈에 알아보도록 하였다.

본 서가 나오기까지 물심양면으로 도와주신 나래 플라워 대표이며 아시아 플로리스트 협회 부회장이신 윤석임 선생님, 오랜 시간동안 촬영을 도와주신 어머니 설혜선님과 나정기, 조은정, 한경수, 진양호, 김기영, 김명희 교수님, 이 책을 출판할 수 있도록 배려해 주신 출판사와 안민웅 부장님, 끝으로 말없이 지지해주신 가족과 택군씨에게도 감사의 인사를 드립니다.

2006년

이 유 주

테이블 플라워 디자인

Contents

Table Flower Design

Ⅰ. 플라워 디자인의 이해 / 7

Ⅱ. 테이블 플라워 디자인의 이해 / 75

Ⅲ. 테이블 플라워 디자인의 실습 / 129

부록 / 271

참고문헌/ 305

01 플라워 디자인의 이해

Table Flower Design

1. 플라워 디자인(Flower Design)의 정의

플라워 디자인이란은 미적이고 정서적인 창조활동으로서의 예술적 표현 추구와 기능성, 합리성 등의 조건을 충족시킬 수 있는 디자인적 창조활동을 포함한다. 이는 다원적 개념의 형상화 과정으로서의 시각적, 공간적 조형예술활동을 총칭하는 종합적 개념이다.

플라워 디자인에서의 '꽃꽂이'란 꽃이나 나뭇가지 등 자연물을 이용하여 아름다운 형태를 만드는 것으로 꽃 예술, 화예(華藝)라고도 한다. 우리말로 '꽃'은 재료를, '꽂이'는 넘어지지 않게 고정한다는 뜻이 있다. 이와 같은 표현은 화병, 즉 한정된 좁은 면적에 자유로운 화형을 구가하는 전통적인 장식에서 나타나고 있다.

서양의 경우 꽃꽂이를 뜻하는 용어에는 플라워 어레인지먼트(flower arrangement), 플로랄 아트(floral art), 플로랄 디자인(floral design), 아트 오브 플로랄 디자인(the art of floral design) 등이 있다. 여기에서 '플라워 어레인지먼트'란 넓은 의미로 코사지(corsage)나 부케(bouquet)를 제외한 모든 조형(造形)을 말한다. 원래 '플라워'는 재료적 특성을, '어레인지먼트'는 정리와 배치를 의미하므로 꽃을 비롯한 필요한 재료들을 조화롭게 배치하여 구성한다는 뜻을 갖는다. 그러므로 작품을 만들 때는 먼저 꽃과 꽃의 관계를 아름답게 가꾸고 꽃과 용기, 꽃과 기타 재료와의 관계를 정리 통합할 필요가 있다.

2. 플라워 디자인 요소(Elements of Flower Design)

플라워 디자인에서의 선(line)과 형(form), 공간(space)과 재질(texture), 색채(color) 등 다섯 가지의 디자인 요소는 독특한 꽃 작품을 만들기 위해 사용되는 해석적인 의미를 가진 구성요소이다. 이 구성요소들이 디자인의 기본원칙과 조화를 이루면 최대의 효과를 낼 수 있다.

1. 형(form)

화형은 작품의 소재와 구도에 따라 특정 지어지는 외형적인 형태로 길이와 너비, 그리고 깊이가 있는 입체적 구조이다. 화형에는 폐쇄형 디자인과 개방형 디자인이 있는데, 폐쇄형이란 넓고 소담하거나 빽빽하게 디자인하는 것으로 비더마이어 스타일(biedermeier style)의 디자인이 여기에 속한다. 개방형은 각 부분에 공간을 주어 방사상(radial)으로 퍼져 있는 부분들을 가지고 있다.

2. 선(line)

조형예술에서 선은 형(形)에 방향성을 결정하며 여러 가지 이미지를 표현할 수도 있다. 때에 따라서 화형의 골격을 형성하고 구조 그 자체가 되기도 하며, 화형을 결정짓는 아웃라인(out line)이 되기도 한다. 선은 움직임을 보여 줄 뿐만 아니라 선 자체의 아름다움을 표현하며 시선이 따라가는 시각적인 형을 만든다.

선에는 정적인 선과 동적인 선이 있다. 정적인 선은 길이와 너비, 깊이에 맞는 화형 내부에 표현되며, 동적인 선은 역동적이면서 끊임없는 흐름으로 디자인에 풍취와 활기를 더해 준다. 또한 선은 직선과 곡선으로 구분할 수 있다. 직선 중에서도 수직선은 일반적으로 생장력(生長力)을 가지고 있으며 힘있는 느낌과 위엄, 그리고 엄격함을 표현하며 긴장된 느낌을 준다. 수평선은 너그러움과 안정감, 그리고 고요함을 느끼게 하고 무게감을 주며 휴식할 수 있는 느낌을 준다. 여성적인 유연함과 우아함을 주는 곡선, 가냘프고 신비한 느낌을 주는 반달형(crescent)의 곡선을 비롯하여 나선(spiral)과 파상선(wave)이 있다. 그 외에도 선의 굵기와 길이에 따라 약한 느낌, 강한 느낌, 날카로운 느낌, 둔한 느낌을 주는 선이 있다. 다양한 선의 변화로 작품에 균형을 주고 생동감과 율동(rhythm), 움직임, 감정의 표현을 할 수 있다.

3. 공간(space)

공간이란 디자인 구성요소들의 안쪽과 주위에 위치한 입체적인 부분이다. 플라워 디자인에서 사용되는 공간구역의 세 가지 유형으로는 양성적인 공간(positive space)과 음성적인 공간(negative space), 그리고 연결구역인 빈 공간(voids)이 있다.

양성적인 공간이란 작품에서 소재들이 사용된 부분이다. 꽃은 양성적 공간이 절대적인 부분을 차지한다. 음성적인 공간이란 꽃과 꽃 사이에 생긴 빈 공간을 의미한다. 이는 음악

꽃의 색상환

을 더욱 흥미롭게 하는 음률 사이의 쉼표와 같은 역할을 한다. 연결부분인 빈 공간(voids)은 종종 현대적인 디자인 스타일에 사용된다. 이 부분은 소재들을 다른 디자인 부분과 연결하는 선명하고 뚜렷한 선들이다. 예를 들자면 꽃과 축 또는 중심선 사이의 줄기이다. 입체예술로 채워진 공간 외에 빈 공간을 포함한 전체가 실제적 공간으로 인정되며 이러한 모두가 조형예술인 것이다.

4. 질감(texture)

재질이란 디자인에 사용된 재료들이 갖고 있는 구조적인 질과 느낌, 즉 촉각으로부터 시각적 촉감에 이르기까지의 모든 느낌을 말한다. 모든 소재는 작품을 독특하게 하는 특성을 가지고 있다. 디자인의 소재에는 나무 · 꽃 · 잎 또는 화기 등 거칠거나 정교한 것, 부드럽거나 딱딱한 것, 밝고 어두운 것 등이 있다. 이러한 소재의 짜임새를 어떻게 잘 조화시키느냐에 따라 작품의 느낌이나 표현하려는 의도가 달라지게 된다.

재질의 조화란 작가의 특정한 감정을 표현하기 위하

여 거친 느낌의 소재만을 다룬다든지, 화사한 분위기를 표현하기 위해 레이스 같은 감각의 소재를 사용하는 것을 말한다. 비슷한 느낌의 소재끼리 배합하는 경우와 서로 반대되는(contrast) 느낌의 소재로 배합하는 경우가 있다. 반대되는 느낌의 조화는 일반적으로 보다 극적인 효과를 나타낼 수 있다.

추상적인 디자인은 재질감에 역점을 두며 소재 표면의 시각적 차이를 이용한다. 이러한 작품은 꽃으로부터 오브제(object)로 사용되는 이질 재료에 이르기까지 다양한 소재들을 사용한다.

5. 색채(color)

색채는 플라워 디자인에서 가장 중요한 요소이다. 색채는 빛의 특성이기 때문에 빛이 변하면 색채도 변하게 된다. 인공조명 아래에서의 꽃과 사물들은 자연광을 받을 경우 색채가 변함을 알 수 있다.

1) 색의 3요소

색의 성질은 색상과 명도, 그리고 채도의 세 가지 속성으로 생각할 수 있으며 이를 색의 3요소라고 한다.

■색상(hue)

1차색인 빨강 · 파랑 · 노랑의 3원색 중 두 가지 색을 같은 분량으로 섞은 색을 2차색(주황 · 녹색 · 보라)이라고 부른다. 3차색(연두 · 청록 · 남색 · 자주)은 1차색과 인접한 2차색을 같은 양으로 혼합하였을 때 나온다. 색상환(color wheel)은 이 색상들에 기초한 각각의 색상 변화를 계통적으로 표시하기 위하여 색표를 둥근 원의 형태로 배열한 것이다.

3원색을 대표하는 꽃을 살펴보면,

빨강(red) – 카네이션 · 안수리움 · 장미 · 글라디올러스 · 거베라 · 다알리아 등

노랑(yellow) – 국화 · 수선화 · 장미 · 아킬레아 · 글라디올러스 · 스위트설탄 · 튤립 · 미모사 · 아카시아 등

파랑(blue) – 아이리스 · 델피니움 · 히아신스 · 사이네리아 · 수국 · 블루 데이지 등

2차색을 대표하는 꽃을 살펴보면,

주황(orange) – 한련 · 극락조 · 뽀삐 등

녹색(green) – 블루 릴리 · 엉겅퀴 등

보라(purple) – 팬지 · 스토크 · 스위트피 · 바비아나 · 아이리스 등

■채도(chroma)

채도는 색채의 밝기 또는 집중도의 정도를 말하며, 색의 채도가 낮거나 중간적인 정도를 톤(tone)이라고 한다. 순수한 색상에 톤을 가미해서 흐리게 만들고 싶으면 그 색에 회색을 섞거나 혹은 색상환에서 정반대의 색이나 보색을 섞으면 된다.

단계	1	2	3	4	5	6	7	8	9	10	11	12	13	14	15	16
5R 4																

■명도(value)

색채의 밝고 어두운 정도를 말한다. 색에 흰색을 섞어서 엷은 색(tint)을 만들고, 회색을 섞어서 톤(tone)을 만들며, 검정색은 음영(shade)을 만든다. 세 가지 색을 포함하고 있

는 어레인지먼트(arrangement)에서는 꽃의 65%가 밝은 명도여야 하고, 25%는 중간 계열, 10%가 가장 어두워야 한다는 것이 가장 중요한 원칙이다. 위치는 가장자리에 가장 밝은 색을 사용하고 중앙 가장 가까운 곳으로 중간 명도를 사용한다. 초점지역에는 가장 어두운 명도를 섞는다.

밝기	고명도			중명도				저명도			
명도번호	10	9	8	7	6	5	4	3	2	1	0
무채색											

2) 색의 조화

■동색 조화(monochromatic color harmony)

각 색상 가운데서 선택한 순색에 흰색과 회색 · 검정의 무채색을 각각 섞어 그 혼합된 색을 배색함으로써 동일 색상에 의한 조화를 얻을 수 있다. 이러한 조화는 자칫하면 평범하고 단조로운 것이 되기 쉬우므로 명도와 채도에 적당한 차이를 둠으로써 변화를 주어야 한다.

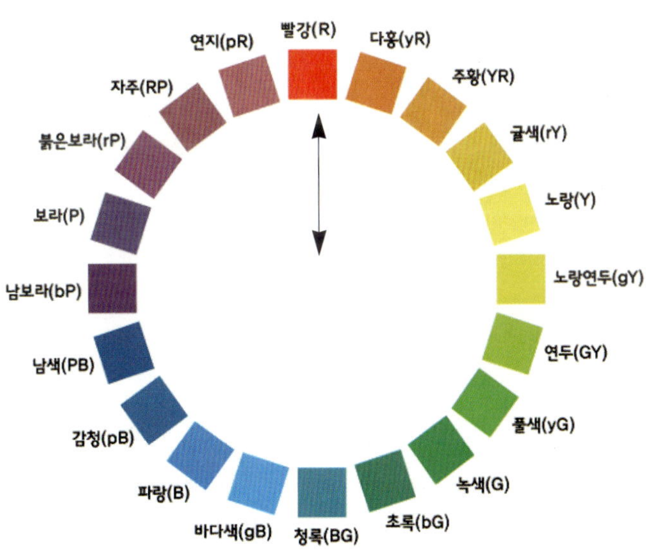

■유사색 조화(analogous color harmony)

하나의 1차색과 색상환에서 이웃하는 90° 내의 색상을 말한다. 유사색 조화는 동일색상의 조화보다 색상에 폭이 생겼기 때문에 조화 속에서도 변화 있는 아름다움이 느껴지게 된다. 이 경우도 동일색상의 혼합과 같이 그 배색에 명도차와 채도차가 있는 색을 사용하는 편이 한층 더 다양하고 풍부한 조화를 얻을 수 있다.

① 난색계(빨강 · 주황 · 노랑)에 의한 유사색 조화 : 따뜻한 분위기의 유사색에 의한 융화감이 가해져서 자극성이 강하면서도 알맞게 안정된 정돈 상태를 나타낸다.

② 한색계(청록 · 바다색 · 파랑)에 의한 유사색 조화 : 차분한 분위기로 정돈되어 이지적인 느낌을 준다.

③ 중성계(녹색 · 보라)에 의한 유사색 조화 : 한색계나 난색계 만큼 특징은 없지만 시각적으로 피곤하지 않고 상쾌한 분위기로 정돈된다.

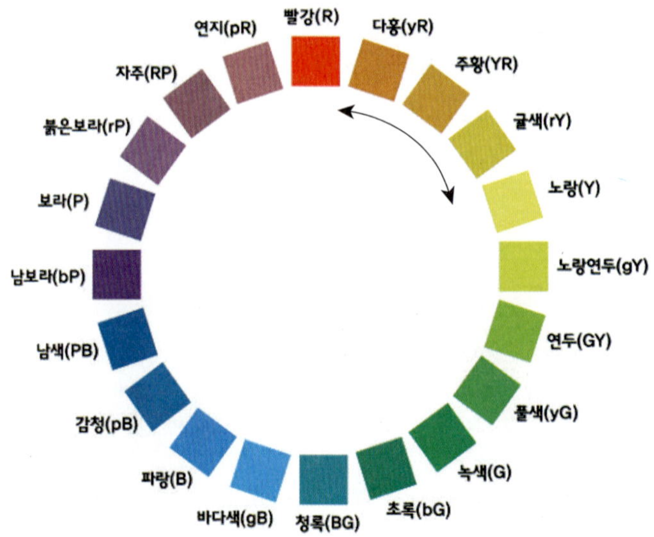

■보색 조화(complementary color harmony)

색상환에서 서로 직선으로 마주보는 두 색의 조화를 말한다. 보색관계에 있는 배색은 너무 강한 반면 자극도가 높은 배색효과를 얻을 수 있다.

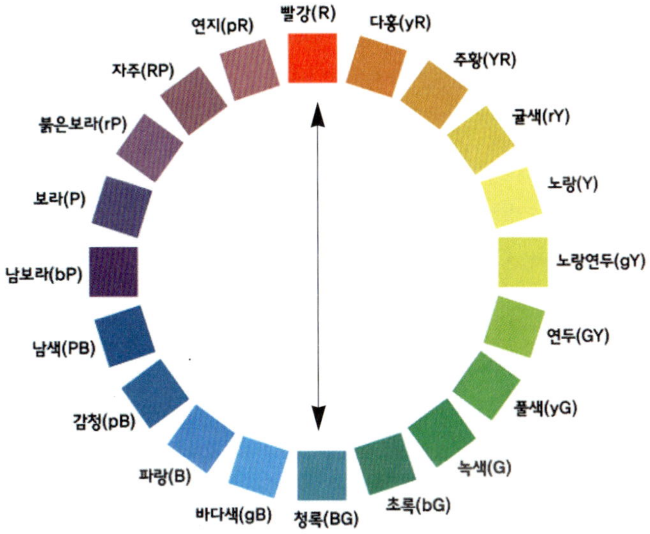

■분리보색 조화(split complementary color harmony)

분리보색 조화는 한 색상과 서로 마주보고 있는 보색의 양쪽에 위치한 두 색상과의 조화에 의해 이루어진다. 이 대비는 보색 대비만큼 강렬하지는 않다.

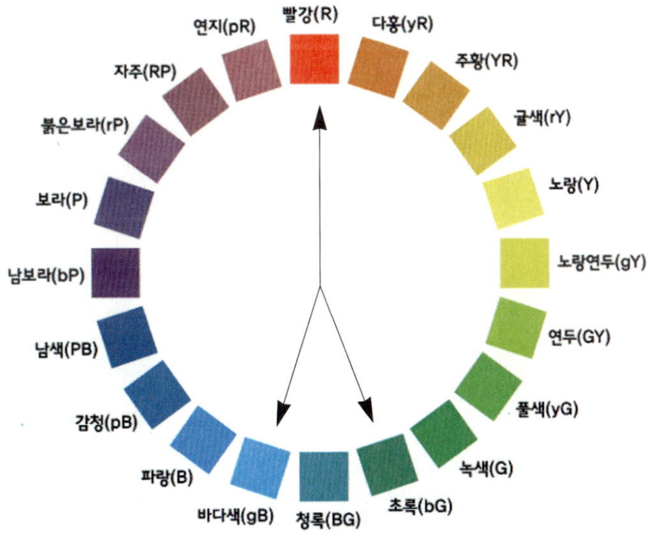

■중분리보색 조화(double-split complementary color harmony)

2쌍의 강한 자극적 배색으로 보다 커다란 변화와 생동감을 얻을 수 있다.

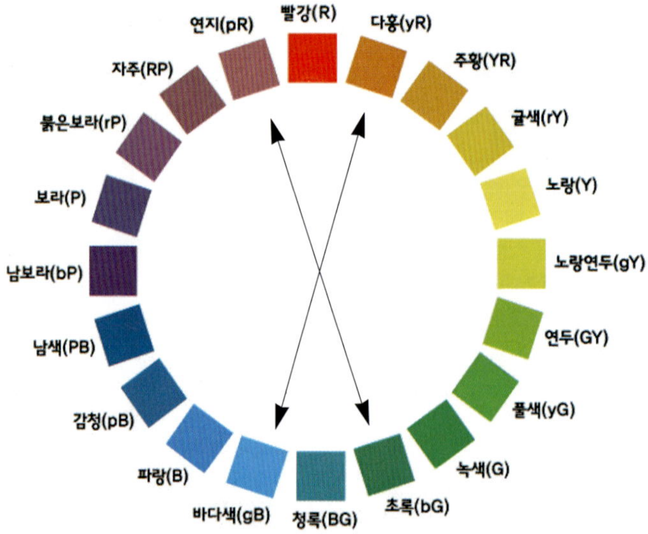

동색 조화

유사색 조화

보색 조화

분리보색 조화

중분리보색 조화

3) 색의 이미지

색채는 어레인지먼트의 분위기를 자아내고 심미적인 감정을 창조한다. 색채를 고유의 심리적 효과에 따라서 따뜻한 색, 그리고 차가운 색 두 가지로 나눈다.

■따뜻한 색(warm color)

따뜻한 색으로 빨강 · 주황 · 노랑 그밖에 유사한 색상을 포함한 색들이다. 모두가 태양 · 열 · 불과 같은 뜨겁거나 따뜻한 사물과 관련되기 때문에 따뜻한 색이라고 부른다. 활동적이고 밝은 색으로서 보통 따뜻하고 행복한 기분을 불러일으킨다. 따뜻한 색의 꽃이나 사물이 어레인지먼트의 전반을 차지하면 보다 크게 보이고, 보는 이를 향해서 앞으로 움직이는 것 같은 느낌을 준다.

■차가운 색(cool color)

파랑 · 녹색 · 보라 그밖에 유사한 색상을 포함한 색들로, 모두가 풀 · 물 · 얼음과 같이

따뜻한 색

차가운 색

차가운 사물과 관련되기 때문에 차가운 색이라고 부른다. 일반적으로 안정되고 평화로우며, 부드러운 느낌을 준다. 고요하고 애잔한 느낌과 관련되기 때문에 덜 친근한 색으로 여겨진다. 차가운 색의 꽃이나 사물의 어레인지먼트는 보는 이로부터 뒤로 물러나는 느낌을 주기 때문에 실제보다 작아 보이거나 멀리서는 잘 보이지 않을 수도 있다.

플라워 디자인에서 따뜻한 색과 차가운 색을 함께 사용하면 시각적인 자극을 불러일으키면서 동시에 심오한 깊이감을 더하게 된다. 수선화와 아카시아의 노랑색, 라넌큘러스의 주황색, 튤립의 빨강색은 모두 보는 이를 향해서 앞으로 돌출된 느낌을 주고, 델피니움과 수레국화의 파랑색, 스타티스의 보라색, 그리고 줄기와 잎이 가지는 녹색들은 뒤로 후퇴하는 느낌을 주게 된다.

색채는 개개인의 선호도뿐만 아니라 분위기와 느낌을 고양시키기도 하고, 마음 속의 감정을 내보이는 기능도 할 수 있다.

■ 흰색(white)

흰색은 플라워 디자인에서 가장 많이 쓰이는 색이다. 흰색 꽃은 색상을 갖고 있지 않으므로 다른 어떠한 색의 꽃들과도 잘 어울리며, 다른 색 꽃들보다 선명하고 생생하게 보이도록 해준다. 흰색은 단순한 색이지만 우아함과 센스를 지닌 색이기도 하다.

흰색

■ 빨강색(red)

대담하고 드라마틱한 특성을 지닌 빨강색은 활력이 넘치는 색으로 작품을 강하게 보여줄 수 있다. 빨강색은 따뜻한 성질을 지니고 있으므로 예로부터 빨강 장미로 사랑의 마음을 전달하기도 했다.

빨강색

분홍색

유목성이 강하므로 강조해줄 때 효과적이며, 빨강색과 녹색은 보색 관계이므로 빨강색 꽃으로 만든 작품에 녹색 잎을 넣어주면 빨강색 꽃을 강조할 수도 있다. 다른 색과 배합할 때 사물과 빨강색 꽃 사이에 충분한 공간을 두어 시각적으로 확대될 자리를 마련하도록 한다.

■분홍색(pink)

빨강색과 흰색이 혼합된 중간색으로 많은 꽃들이 분홍색으로 되어있다. 그러므로 다른 색들과 무난하게 섞일 수 있고 그와 대조되는 색과 함께 배색하면 더욱 강조할 수도 있다. 이때 민트색, 옅은 녹색 등이 분홍색과 보색 관계를 이룬다. 섬세하게 보이는 분홍색은 낭만과 여성스러움이 잘 나타나며, 밝고 깊은 색상을 띤 분홍색은 차분한 분홍색이나 옅은 파스텔 톤의 분홍색보다 눈에 잘 띈다.

주황색

노랑색

■ 주황색(orange)

빨강색과 같이 자극적인 주황색은 주목을 끌기도 하고 밝은 느낌을 준다. 짙은 주황색의 경우 가을과 할로윈 부케에 종종 사용된다. 이때 주황색에 흰색을 혼합한 산호색 · 연어색 · 복숭아색 등과 검정색을 혼합한 갈색 등을 함께 사용하면 더욱 깊고 품격이 느껴진다. 색상환에서 파랑색과 주황색은 보색관계인데, 이 두 가지 색상의 밝은 색과 어두운 색을 기술적으로 이용해서 활력이 넘치는 어레인지먼트를 만들어 낼 수 있다.

■ 노랑색(yellow)

노랑색은 즐거움, 햇살과 같은 느낌을 준다. 우리에게 매우 친근하고 따뜻한 느낌을 주는 노랑색은 심리적으로 근심, 걱정을 없애주는 역할도 한다. 빛을 강하게 반사하는 성질을 가진 노랑색을 어레인지먼트에 가미함으로써 생명력을 느낄 수 있고, 다른 무딘 디자인 사이에서 한 눈에 들어오게끔 만들 수 있다. 노랑색과 보색관계에 있는 보라색 꽃들을 사용해서 봄의 느낌을 물씬 풍기는 디자인을 구상하면 훌륭한 어레인지먼트가 나올 수 있다.

■녹색(green)

마음을 가라앉히고 안정감을 주는 색이다. 녹색은 플라워 디자인의 주소재인 식물의 색이며, 모든 꽃은 녹색을 지니고 있다. 따라서 플라워 디자인의 배색에 있어서 녹색은 모든 경우에 조화롭게 사용할 수 있다. 화기의 경우 녹색 화기가 필요 이상의 시선을 끌지 않기 때문에 많이 사용되고 있다.

■파랑색(blue)

일반적으로 평화롭고 조용하며 차가운 느낌을 주는 색이다. 파랑색 꽃은 그리 많지 않으며, 어둡고 깊은 색을 지닌 파란 꽃만의 플라워 디자인 작품은 심리적으로 마음을 어둡고 우울하게 할 수도 있으므로 주의하여야 한다. 파랑색은 뒤로 후퇴하여 보이는 느낌을 주므로 플라워 디자인 작품의 뒷부분에 사용한다면 공간감의 깊이를 한층 더 느낄 수 있게 한다.

녹색

파랑색

■보라색(purple)

보라색은 인접하거나 둘러 쌓여진 색들에 의해 다르게 보여진다. 차가운 느낌과 따뜻한 느낌의 극단적인 심리적 온도가 존재하기 때문에 조명과 배경, 다른 색과의 근접성, 그리고 보라색 자체에 함유된 빨강색과 파랑색의 함유도 등 여러 요소에 따라 그 색채가 차가운 느낌을 줄 수도 따뜻한 느낌을 줄 수도 있다. 플라워 디자인에 채도가 높은 보라색을 사용하면 한층 더 화려하고 격조 높은 느낌을, 옅은 보라색은 우아한 느낌을 줄 수 있다.

■검정색(black)

검정색은 어둠을 상징하며 좌절, 죽음 등의 느낌을 갖고 있다. 그러나 최근의 검정색 이미지는 패션, 비즈니스 제품 등에서 첨단 이미지로 현대인들이 선호하고 있다. 검정색은 다른 색들과 놓일 때 다른 색을 정리해주고 돋보이게 하는 성질이 있다. 플라워 디자인에서 검정색 화기에 흰 꽃보다는 각각의 다양한 색을 지닌 꽃을 디자인할 때 꽃이 지닌 색의 화려함과 아름다움이 한층 돋보이게 할 수 있다.

보라색

검정색

4) 색채에 대한 영감

■특정 계절 혹은 축제일의 경우

어떤 계절이나 축제일을 위한 색채의 선별은 보다 확실한 효과를 기대할 수 있다. 크리스마스 디자인의 전통적인 색채배합에는 빨강색과 녹색을 들 수 있다.

발렌타인데이 부케는 빨강색 · 분홍색 · 흰색을 꼽는다.
할로윈 때에는 검정색과 주황색이 대표적이다.
봄은 파스텔 컬러와 보라색, 노랑색으로 표현한다.
여름은 백색, 보라색, 녹색, 파랑색으로 청량감, 강렬, 신선, 바다를 표현한다.
가을에는 노랑색과 주황색, 갈색과 빨강색으로 많이 치장하게 된다.
겨울은 빨강, 주황, 자주색으로 크리스마스, 신춘, 쌀쌀함, 엄격함을 표현한다.

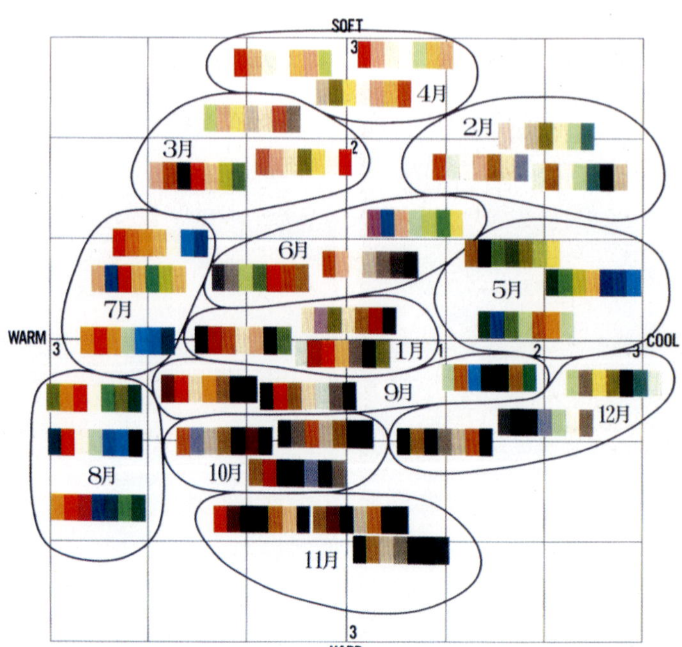

계절 컬러 이미지스케일

계절별 · 색상별 꽃

계절 색상	봄	여 름	가 을	겨 울
흰색	칼라, 백합, 튤립, 목련, 장미, 설유화, 안개, 금어초, 스페리아, 프리지아, 거베라, 양란(호접란, 덴드로비움, 신비디움), 안수리움	아스틸베, 스토크, 장미, 글라디올러스, 아이리스, 리시안서스, 백공작, 나리, 아마릴리스, 안개, 양란	소국, 금어초, 장미, 스프레이 카네이션, 안개, 백합, 양란, 아스터	백합, 카네이션, 장미, 덴드로비움, 칼라, 포인세티아, 안개, 양란
빨강색	튤립, 작약, 안수리움, 아네모네, 라넌큘러스, 아마란서스, 장미, 카네이션, 스프레이 카네이션	오크라, 다알리아, 장미, 아나나스, 맨드라미, 글라디올러스, 남천	아나나스, 국화, 글라디올러스, 다알리아, 산귀래, 찔레, 맨드 라미	포인세티아, 장미, 사과
분홍색	산당화, 장미, 금어초, 거베라, 연산홍, 동백, 안수리움, 튤립, 릴리, 덴드로비움, 호접란, 히야신스, 수레국, 석죽	아스틸베, 백일홍, 맨드라미, 르네브 릴리, 델피니움, 스토크, 금어초, 스타가잘 릴리, 글라디올러스, 호접란	맨드라미, 스토크, 국화, 다알리아, 글라디올러스, 아스터, 카틀레야, 천일홍, 잎모란, 호접란	카틀레야, 포인세티아, 장미, 카네이션, 히야신스, 잎모란, 호접란
주황색	극락조, 까치밥, 장미, 거베라, 라넌큘러스	나리, 글라디올러스, 홍화, 거베라, 장미, 화초 토마토, 다알리아	다알리아, 국화, 나리, 글라디올러스, 까치밥	장미, 거베라, 카네이션
노랑색	개나리, 솔리다고, 수선화, 장미, 튤립, 거베라, 프리지아, 미모사, 카네이션	스프레이 카네이션, 나리, 국화, 미모사, 해바라기, 황매화, 여우얼굴, 온시디움, 솔리다고	국화, 글라디올러스, 여우얼굴, 거베라	카네이션, 장미, 아이리스, 거베라
남색	수레국화	델피니움, 리시안서스		
보라색	목련, 아이리스, 튤립, 스카비오사, 수레국, 철쭉, 미스티블루, 히야신스, 소국, 잎모란	반다 오키드, 스카비오사, 스토크, 델피니움, 리시안서스	용담, 다알리아, 글라디올러스, 장미	아이리스

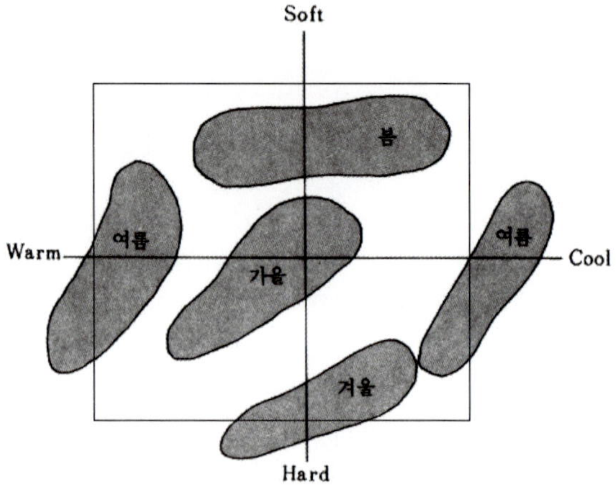

4계절의 이미지

■특별한 행사나 장소의 경우

유아용 어레인지먼트는 부드러운 분홍색과 파랑색을 이용한다.

동창회용 코사지는 검정색 · 은색 · 보라색과 같은 학교를 상징하는 대담한 색들을 잘 매치시켜 만든다.

금색은 결혼 50주년, 은색은 결혼 25주년을 위한 자리를 장식하는 데 많이 이용된다.

■상징성

꽃 색깔은 각각의 상징적 의미를 지니고 있고, 때때로 꽃을 주는 이는 그 꽃의 색이 지니는 고유의 의미를 상대에게 표현하고 싶어하는 경우도 있다.

빨강색 장미는 '진실한 사랑'을 상징하고, 노랑색 꽃은 '우정'이나 '응원'을 의미한다.

■선호하는 색상

여성은 일반적으로 분홍색이나 보라색 같은 여성스러운 색채를 선호한다.

■이미지

칼라에 따른 꽃의 이미지를 통해 전달하는 메시지(꽃말)를 이미지스케일로 제시한다.

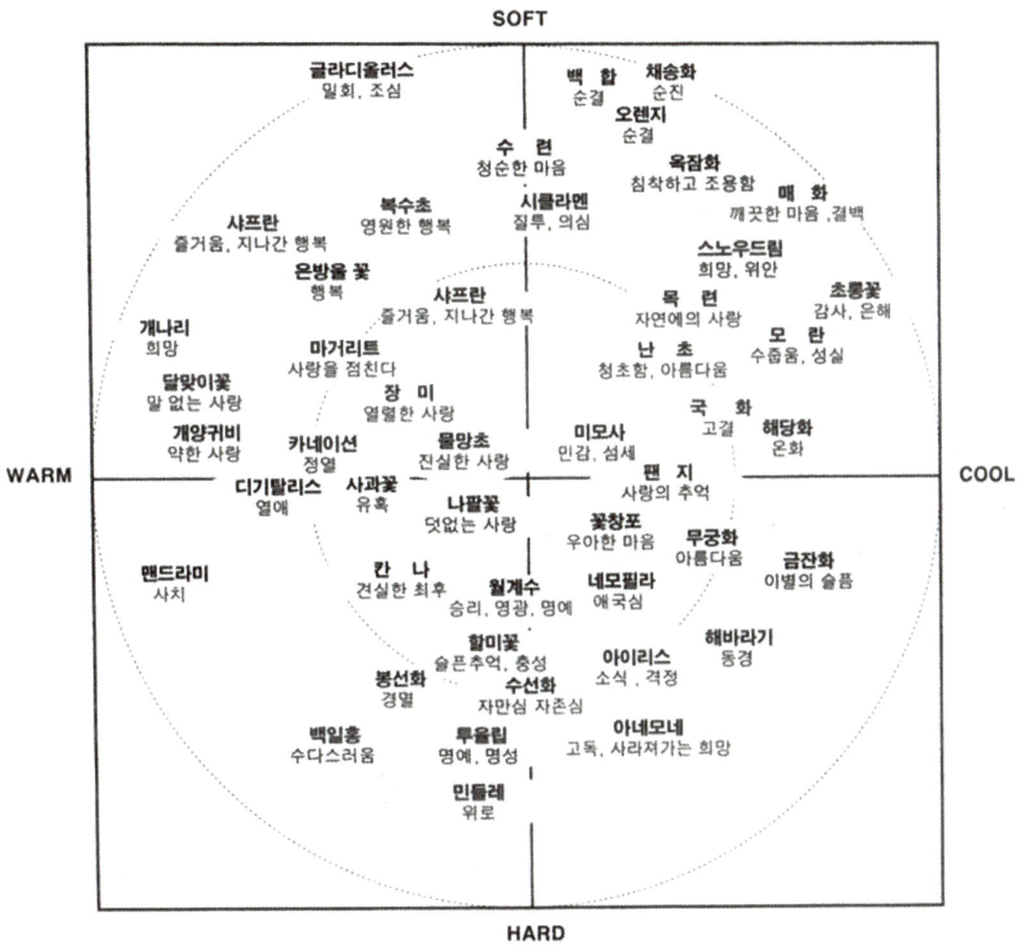

꽃의 언어 이미지스케일

3. 플라워 디자인의 원칙(Principle of Flower Design)

플라워 디자인의 원칙은 꽃을 디자인하는데 있어 디자인의 기능을 결정하는 기본적인 규칙이자 필수적인 구성 요소들이다. 모든 예술과 마찬가지로 플라워 디자인도 일정한 원칙이 있다. 외부적인 속박 없이 자기 자신의 개성과 신념 하에 자유로이 창작활동을 하는 다른 예술과 달리, 플라워 디자인은 생활의 목적, 즉 T(시간), P(장소), O(목적)라는 제약된 조건에 맞추어 꽃을 디자인해야 한다는 어려움이 따른다. 일정한 규칙에 따라 구성되기 때문에 아름답고 효과적이기 위하여 반드시 원칙을 지켜야 하며, 모든 예술 활동과 마찬가지로 기본적인 원리원칙을 완전히 익힌 후에 자기의 개성과 독창성을 작품 속에 살리도록 해야 한다. 그래야만 만인의 공감을 얻을 수 있는 작품을 만들 수 있고, 분위기나 용도에 맞는 작품을 제작할 수 있기 때문이다.

1. 구성(composition)

구성이란 여러 부분을 하나의 작품으로 조립, 구성하는 수단을 말한다. 플라워 디자인의 기본구성은 어디까지나 기하학적인 구성으로서 평면적인 구성과 입체적 구성, 공간적 구성이 있다. 기하학적 구성이란 인위적이며 추상적이어서 딱딱한 느낌을 주기는 하나, 구심적이며 합리적이어서 목적에 알맞은 미적 조형을 정확하게 이룰 수 있는 것이 장점이다. 플라워 디자인의 구성은 모든 부분이 서로 잘 조화되고, 부드럽게 연결되어 주위환경과 잘 어울리도록 해야 한다. 즉 시간과 장소 등 목적에 부합하는 아름다운 느낌을 주는 구성이어야 한다.

2. 비율(proportion)

부분과 부분, 부분과 전체와의 수량적인 관계를 말한다. 작품을 제작함에 있어 꽃 소재와 화기, 화기와 이용 가능한 공간 등을 고려하여 어레인지먼트의 높이와 넓이, 크기가 결정되어져야 한다. 따라서 플라워 디자인에 있어 비율은 꽃 소재와 화기, 작품의 크기와 형태, 색채배합과 재질사용의 관계, 실내의 크기와 작품의 크기 등이 이에 속한다.

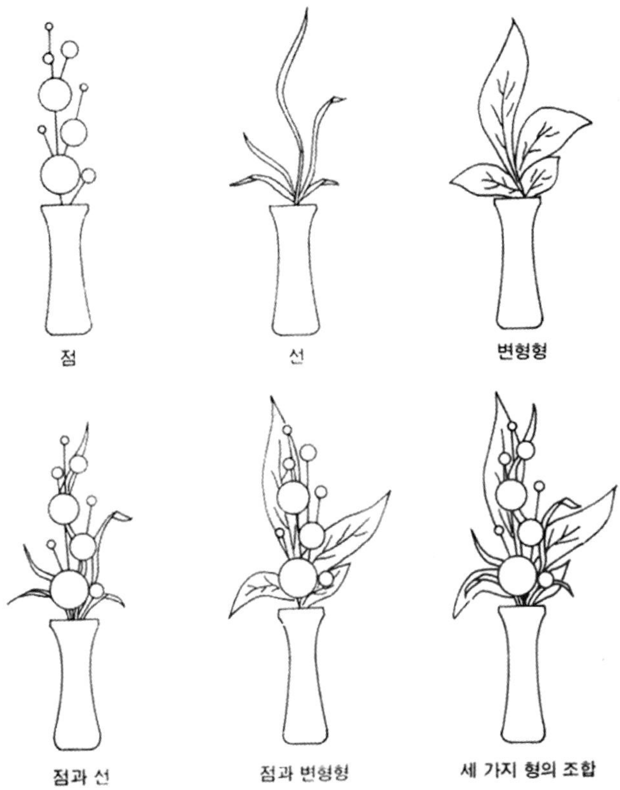

구 성

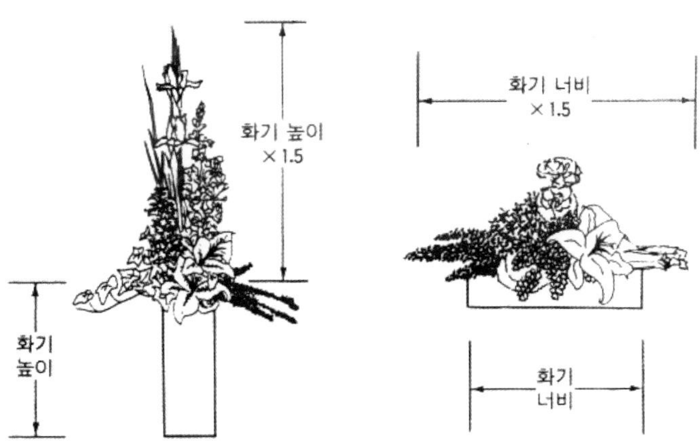

비 율

대부분의 플라워 디자인에서 비율의 설정은 화기에서 비롯되며, 작품을 놓을 공간과 목적에 따라 작품의 크기가 좌우된다. 전시장의 작품이라든지 넓은 홀의 작품은 규모가 큰 작품이어야 한다. 이 경우는 꽃이나, 잎 · 줄기 외에 수석이나 고목 등 오브제(object)적인 요소를 사용하여 작품을 완성시키도록 한다. 그러나 실질적인 작품의 크기가 시각적으로도 큰 규모로 느끼게 해주는 것은 아니다. 작은 작품이라도 공간 처리가 잘 되어 있고 뭉치의 표현이 정확하게 짜여 있으면 우주를 느끼게 하기도 하며, 세계를 내재(內在)하고 있는 느낌도 주는 것이다. 반대로 크기가 큰 것이더라도 잘못된 작품은 산만한 느낌과 보는 이로 하여금 전체가 아니고 아주 작은 일부만을 보는 듯한 착각을 주기도 한다. 일반적으로 꽃은 긴 화기 높이의 $1\frac{1}{2}$배 높이나 낮은 화기 폭의 $1\frac{1}{2}$배의 비율을 따르고 있다.

3. 균형(balance)

작품의 중심을 기점으로 어느 각도나 어느 방향에서 보더라도 시각적으로 안정감이 있을 때를 좋은 균형이라 한다. 균형은 실질적인 물리적 균형과 의식적인 시각적 균형이 있다. 이들은 서로 중복되어 사용되며 양쪽 어레인지먼트의 구성에서 빼놓을 수 없는 필수적인 요소들이다. 눈에 잘 뜨이지 않는 미케닉스(mechanics)는 물리적인 균형을 주며, 시각적인 균형은 꽃의 배치가 중요하다. 하나의 균형 잡힌 디자인은 꼭대기가 커서 무겁다던가 한쪽으로 기울어지지 않는다. 현실성이 없거나 시각상의 균형이 잡히지 않은 디자인은 불안하므로 작품을 제작함에 있어 꽃의 빛깔, 재질, 배치, 크기 등 전체적인 균형이 요구된다.

1) 물리적인 균형(physical balance)

물리적 균형은 기계적인 균형이라고도 불린다. 이것은 플라워 어렌인지먼트가 스스로 지탱하면서 안정된 모습을 보여 주기 위해 역학적으로 잘 받쳐 주어야 한다는 뜻이다. 실제적으로 균형을 이루기 위해서는 꽃에 따라 화기의 크기와 무게, 모양을 달리해야 한다. 물리적 혹은 역학적인 균형은 보통 꽃과 잎을 같은 양과 비중으로 화기의 각 부분에 배치한다.

2) 시각적인 균형(visual balance)

시각적인 균형은 물리적인 균형과 밀접한 관계가 있다. 어떤 플라워 디자인이 물리적인 균형을 유지하더라도 시각적으로 균형을 이루지 못하면 불안정하게 느껴진다. 모든 플라워 어레인지먼트는 시각적인 균형을 통해서 평형감각을 제공하게 된다. 시각적인 균형에는 대칭적 균형 · 비대칭적 균형 · 개방형 균형이 있다.

① 대칭적 균형(symmetrical balance)

대칭적 균형은 정형적인 균형(formal balance)이라고도 한다. 가상적인 중앙축의 양측 어느 쪽이든 꽃 소재들은 같은 종류의 것이어야 하며, 같은 양의 소재를 사용함으로서 양측이 동등한 시각상의 무게를 이루게 된다. 형식적이고 위엄 있어 보이는 균형으로 편안하고 평화로운 감각을 전달해주고 디스플레이에서 강세와 안정성을 표현하지만 가끔 딱딱하고 부자연스럽게 보일 수도 있다.

플라워 디자인에서는 좌우의 균형뿐만 아니라 앞과 뒤의 균형도 매우 중요하다. 완성된 작품이 좌우와 앞으로만 치우쳐 무게의 균형을 잃게 되면 완성된 작품이 앞으로 쓰러질 수 있기 때문에 앞과 뒤의 균형에도 각별히 신경을 써야 한다.

구 분	좌우대칭형	좌우비대칭형
동의어	균정(均整), 균등, 상대적인 좌우대칭, 엄밀한 배열	비균등, 좌우대칭의 결여, 자유로운 배열
대칭축	비균등, 좌우대칭의 결여, 자유로운 배열	기하학적인 중심축과 일치하지 않는다.
그룹중심축	중앙모티브를 지닌다.	기하학적 중심의 좌 또는 위의 주그룹상에 있다.
중 심	작품의 기하하적 중심에 있다.	좌우대칭축과 주그룹의 사이에 있다.
타 입	구심적 대칭, 선대칭, 점대칭, 공간적 대칭	축으로부터 빗나간 것, 불규칙한 것, 부정형한 것
효 과	정숙, 정적인, 견고한, 균형이 잡힌, 엄숙한, 충분한, 깔끔한, 조화가 잡힌	개방된, 긴장감이 있는, 회화적인, 밝은, 즐거운, 자유로운, 개성적
작품구성	대부분이 장식적 구성	식생적 구성, 형식-선적 구성

② 비대칭적 균형(asymmetrical balance)

비대칭적 균형은 비정형적인 균형(informal balance)이라고도 한다. 가상적인 중앙축의 어느 쪽이든 사용되는 꽃 소재들은 같은 종류나 같은 양이 아니며, 중앙축의 양쪽이 상이한 시각상의 무게를 주도록 꽃 소재가 놓여진다. 형태는 같지 않으며, 중앙축으로부터 거리나 빛깔, 규모에 의하여 이루어진다. 포컬 포인트에 보다 가까이 꽂은 커다란 꽃들은 디자인의 주변의 작은 꽃이나 사물들과 균형을 이룰 수 있다.

③ 개방적 균형(open balance)

현대식 디자인에 아주 보편적으로 사용되는 균형으로 디자인에서 대칭적, 비대칭적 균형 모두가 적응되지 않을 때 사용되는 형이다. 전통적인 균형의 법칙으로는 적용 될 수 없기 때문에 '새로운 물결(new wave)' 이나 '평형체계(parallel system)' 등과 같은 새로운 기법의 작품 스타일이 개방적 균형에 포함된다.

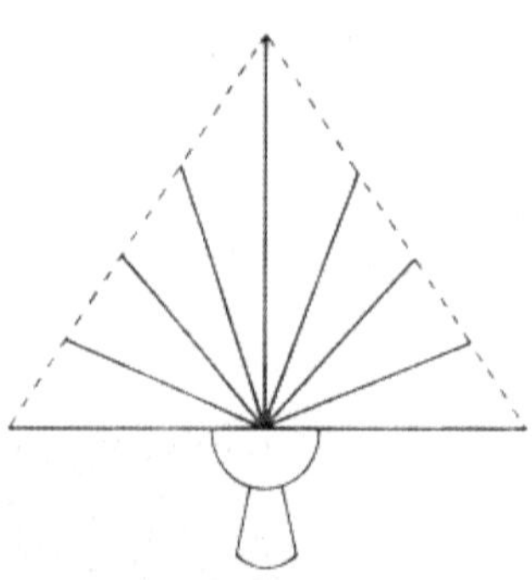
대칭형

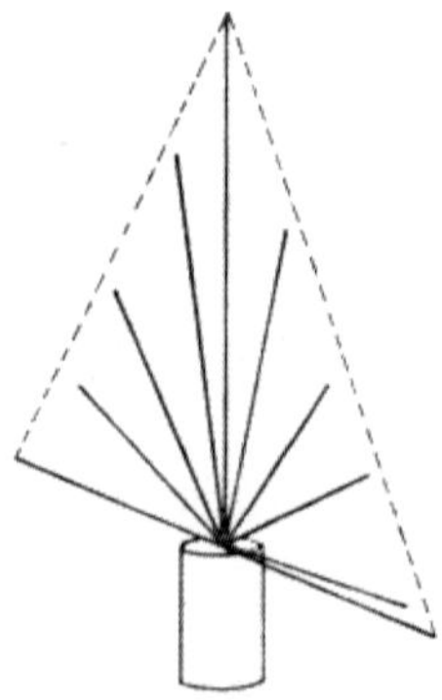
비대칭형

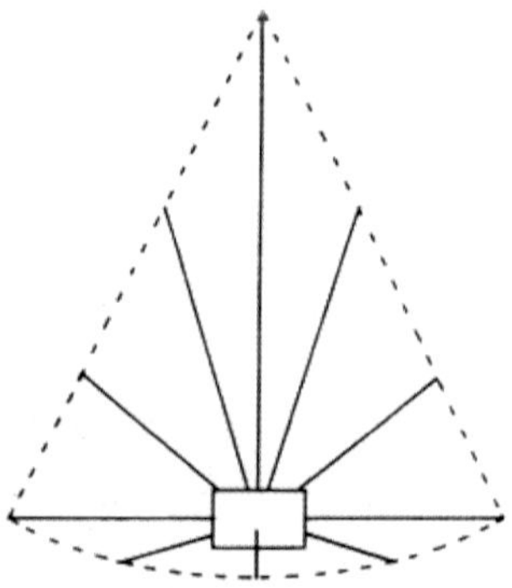
개방형

4. 율동(rhythm)

디자인에 있어 운동을 연상시키는 시각상의 행로(行路)를 말하며, 작품에 있어서의 율동감이나 억양(抑揚)을 말한다. 율동감은 꽃의 크고 작은 순위나 꽃과 꽃의 간격, 꽃과 선의 높고 낮음, 빛깔의 밝고 어두움, 소재의 질감 등으로 표현되며, 규칙적이거나 불규칙적인 간격의 반복에 의하여 이루어진다.

율동은 선과도 밀접한 관계가 있는데 반복된 형태나 빛깔, 연속하는 선과 면, 끊어졌다 이어졌다 하는 선 등에서 볼 수 있다. 또 형태나 재질의 양이 일정하게 같은 경우에는 빛깔의 강약과 명암 등의 변화를 통해 작품의 깊이와 율동감을 조성할 수 있다. 어떠한 리듬의 구조나 패턴(pattern)이 미적이냐 아니냐 하는 것은 한마디로 표현하기 어렵지만, 경쾌한 리듬, 중후한 리듬 등 목적이나 용도에 따라 자연스럽게 선이 흐르도록 하는 것이 바람직한 리듬의 기법이다.

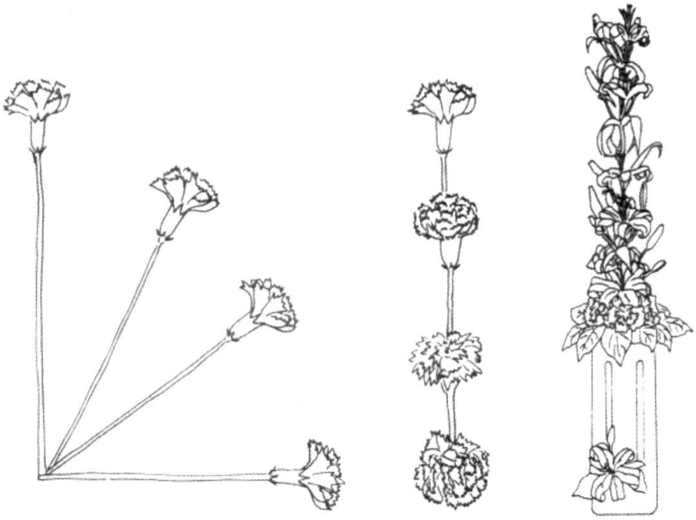

5. 대조(contrast)

서로 다른 성질을 가진 형태나 빛깔, 재질을 반대쪽에 배치하던가, 또는 상이점을 강조하는 방법으로 함께 배치하던가 함으로서 이루어지며, 구성에 있어서의 강한 대비가 하나의 작품 속에서 전체적인 통일을 이루어야 한다. 밸런스(balance)와 상호 밀접한 관계가 있는 대조는 조형 요소로서 형태적인 것, 색채적인 것, 질감적인 것, 구성적인 것, 양적인 것 등을 가지고 있다. 그러나 이것들이 한 작품 속에 너무 많이 존재하면 콘트라스트는 지나치게 강해져서 오히려 밸런스를 깰 우려가 있으므로, 각 부분이 전체의 균형을 이루도록 하는 것이 중요하다.

1) 형태적인 대조(크다-작다, 길다-짧다, 높다-낮다, 넓다-좁다)
2) 색채적인 대조(밝다-어둡다, 맑다-흐리다, 강하다-약하다, 따뜻하다-차갑다, 유채색이다-무채색이다)
3) 질감의 대조(거칠다-부드럽다, 강하다-약하다, 딱딱하다-연하다, 곧다-휘어졌다, 말랐다-젖었다)
4) 구성의 대조(모여졌다-흩어졌다, 고정됐다-움직인다, 튀어나왔다-들어갔다)
5) 양적인 대조(많다-적다, 무겁다-가볍다, 넓다-좁다, 두텁다-얇다)

6. 초점(focal point)

작품의 시각상 또는 구성상의 중심점을 말한다. 초점은 완성된 작품에서 눈을 끌게 하는 한 지점으로서, 전체적인 구성을 지배하는 구심점이다. '초점이 없는 것은 디자인이 아니다' 라고 할 정도로 플라워 디자인의 기하학적 구성에 있어서 초점은 중요하다. 초점부분은 한 작품 속에서 모든 꽃줄기가 서로 교차하는 지점으로서, 초점부분은 색채적으로 가장 강하고 꽃도 가장 아름답고 잘생긴 활짝 핀 큰 형태의 꽃을 배치하여야 한다. 그리고 꽃의 배치도 초점지역에 가까워질수록 더욱 가깝게, 빛깔도 더욱 진하게 하여 사람의 눈을 끌 수 있도록 초점지역을 강조해 주어야 한다.

〈1점 구성〉

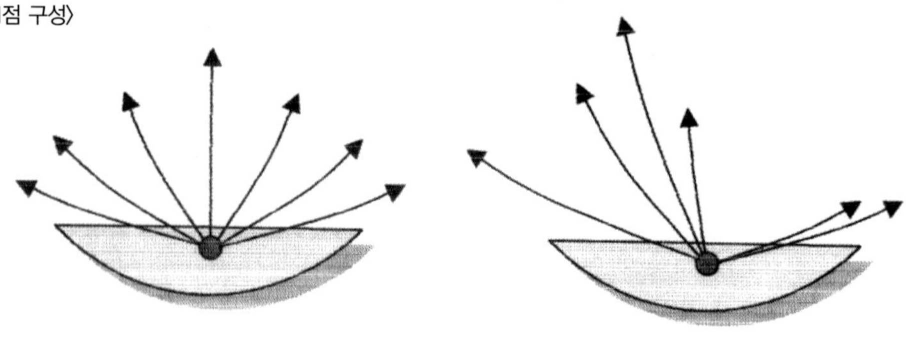

〈복수점 구성〉

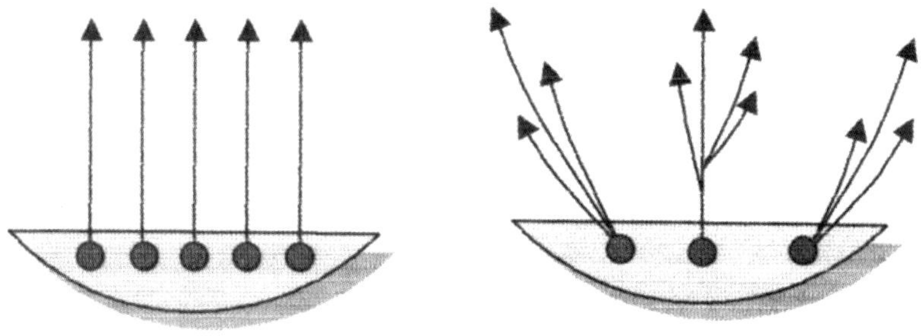

7. 규모(scale)

어레인지먼트에서 모든 성분과 관련된 크기(size)를 말한다. 한 꽃이 다른 꽃과 관련된 크기나 한 잎이 다른 잎과 관련된 크기, 화기에 대한 꽃과 잎들의 크기, 그리고 그것이 점유(占有)할 공간에 대한 디자인의 크기와 지역 전체의 크기 등이다. 커다란 방에 있는 큰 오크 식탁은 상당한 무게와 크기의 어레인지먼트가 어울리지 연약한 꽃들은 어울리지 않을 것이다

8. 우수성(dominance)

디자인에 있어 가장 강력하거나 보편적인 원칙으로서 한 요소의 힘을 말하며, 다른 것들을 굴복시킬 수 있는 훨씬 뛰어나고 강력한 힘을 말한다. 우수성은 디자인의 한 요소인 꽃 소재들이나 색채, 질감의 강조에 의하여 이루어지며, 이것은 선이나 형태, 색채, 질감의 반복에 의하여 이루어진다. 우수성은 특히 꽃의 경연대회 때 다른 작품과의 경쟁이나 작품의 우월을 가리는 심사 때 가장 중요한 채점기준의 하나가 된다.

9. 통일(unity)

통일이란 여러 가지 요소나 소재 또는 조건을 선택하고 정리하여 하나의 완성체로 종합하는 것으로 서로 무관한 것, 서로 제약하는 것, 서로 반대되는 것 등을 모순되지 않게

관계지어 하나의 전체를 결합하는 것이다. 작품이 전체적인 통일성을 갖기 위해서는 디자인에 속하는 개개의 부분들이 동일성(oneness)과 동일한 효과를 표현하기 위하여 상호 관련을 지어 구성하며, 작품에 있어 전체적으로 통일된 일체감을 이루어야 한다.

10. 조화(harmony)

조화란 작품에 일치감을 주거나 동일성을 창조하기 위하여 플라워 디자인의 구성 요소들을 잘 배합하여 나타내는 미적 본질이다. 이는 유사한 재료의 혼합이나 개성이 뚜렷한 재료의 대비를 통하여 이루어질 수 있으며, 소재와 화기, 설치할 공간과의 조화, 짜임새와 크기, 형태의 조화 등 세심하고도 섬세한 표현이 필요하다. 소재끼리 갖는 색상의 대비뿐만 아니라 소재의 질감이나 크기, 양감(量感)이나 부피감의 조화, 화기가 가지고 있는 색과 질, 형태, 그리고 계절감과도 잘 조화되어야 한다.

4. 꽃의 형태별 분류법

꽃 소재를 분류한다는 것은 수많은 종류의 꽃들을 형태와 특성에 맞추어 합리적으로 활용한다는 것과 어레인지먼트를 보다 아름답게 만드는데 목적이 있다. 어레인지먼트상 크게 4가지 종류로 분류한다.

1. 라인 플라워(Line Flower)

한줄기에 많은 꽃들이 이삭모양으로 붙어있는 선의 꽃으로서 디자인의 골격(骨格)이 되는 꽃이다. 따라서 직선 또는 곡선을 구성하든가 윤곽(out line)을 잡던가 따로 뻗는 것을 표현하는 것 등에 사용한다. 이에 속하는 대표적인 꽃으로는 글라디올러스(gladiolus), 스톡크(stock), 리아트리스(liatris), 라아크스퍼(larkspur), 용담,(gentiana) 금어초(snapdragon), 인동(lonicera japonica), 델피니엄(delphnium) 등 선의 꽃이 있다.

2. 매스 플라워(Mass Flower)

많은 꽃잎이 모여서 덩어리 상태의 한 송이 꽃이 되어 있는 크고 둥근 형의 꽃으로서, 디자인할 때 라인 플라워와 폼 플라워의 중간역할을 하는 꽃이다. 디자인의 양감을 표현하는데 효과적이라 가장 이용범위가 넓은 꽃이다. 폼 플라워를 쓰지 않을 때는 매스 플라워 중에서 제일 크고 모양이 좋은 꽃을 골라서 포컬 포인트로 사용하고 있다. 이에 속하는 대표적인 꽃으로는 장미(rose), 국화(chrysanthenum), 카네이션(carnation), 수국(hydrangea), 다알리아(dahlia), 작약(paeonia lactiflora), 거베라(gerbera) 등 둥근형의 꽃이 있다.

3. 폼 플라워(Form Flower)

크고 개성적인 특징이 있는 분명한 형태의 꽃으로서, 디자인할 때 눈에 잘 띄기 때문에 시각적인 포인트(point)의 역할을 하는 꽃이다. 이 꽃은 꽃잎 하나만 없어도 그 꽃으로서의 가치가 없어져 버린다. 일정한 선이나 면은 자칫하면 단조로울 수 있는데 폼 플라워는 플라워 디자인에 율동이나 액센트를 표현하는데 효과적이다. 이에 속하는 대표적인 꽃으로는 칼라(calla), 카틀레야(cattleya), 안스리움(anthurium), 극락조(strelitzia), 백합(lily), 심비디움(cymbidium), 해바라기(sunflower), 아이리스(iris), 튤립(tulip) 등 크고 개성적인 꽃이 있다.

4. 필러 플라워(Filler Flower)

한 대의 줄기로부터 많은 줄기가 나오고 자잘한 꽃들이 밀집되게 붙어있는 꽃이다. 디자인 할 때 라인 플라워와 매스 플라워의 공간을 메우는 데 쓰이거나 연결 또는 율동이나 색감을 부드럽게 해주는 역할을 하는 꽃이다. 특히 입체감을 내는 데 중요하게 작용 한다. 플라워 디자인에서 빼놓을 수 없는 소재로 이 꽃을 어떻게 사용하느냐에 따라 작품이 더욱 돋보일 수 있다. 이에 속하는 대표적인 꽃으로는 안개꽃(baby's breath), 스타티스(statice), 마거리트(marguerite), 춘국(crown daisy), 마타리(patrinia) 등 자잘한 꽃이 있다.

꽃 소재의 분류표

구 분	꽃	잎류(green)
라인 플라워 (선의 꽃)	글라디올러스(gladiolus), 스톡크(stock), 리아트리스(liatris), 라아크스퍼(larkspur), 용담(gentiana), 금어초(snapdragon), 인동(lonicera japonica), 델피니엄(delphnium)	산세비리아(sanseviria), 드라세나(dracaena), 유카리(eucalyptus), 유카(yucca), 뉴질랜드 아마란(New Zealand flax), 춘란(春蘭), 만년청(rhodea), 네프로네피스(nephrolepis) 등과 꽃나무류 가지
매스 플라워 (덩어리의 꽃)	장미(rose), 국화(chrysanthenum), 카네이션(carnation), 수국(hydrangea), 다알리아(dahlia), 작약(paeonia lactiflora), 거베라(gerbera)	고무나무(rubber tree), 포토스(potos), 동백(camellia), 은방울(convallaria)의 잎과 같이 동그스름한 잎
폼 플라워 (형태의 꽃)	칼라(calla), 카틀레야(cattleya), 안스리움(anthurium), 극락조(strelitzia), 백합(lily), 심비디움(cymbidium), 해바라기(sunflower), 아이리스(iris), 튤립(tulip)	몬스테라(monstera), 칼라디움(caladium), 안수리움(anthurium), 팔손이(Japanese aralia)의 잎과 같이 변화된 대형 잎
필러 플라워 (자잘한 꽃)	안개꽃(baby's breath), 스타티스(statice), 마거리트(marguerite), 춘국(crown daisy), 마타리(patrinia)	아스파라거스류(asparagus plumosus), 미리오 글라더스(mirio gladus), 공작고사리(maidenhairfern), 소사나무(Korean hornbeam), 회양목(Korean box tree) 등과 같이 섬세하여 볼륨감을 느낄 수 없는 잎이나 가지

5. 플라워 어레인지먼트의 구성법 (Composition of Flower Arrangement)

꽃 소재의 4가지 형태를 사용하여 어레인지먼트를 구성한다.

1. 라인 플라워(line flower)로 조형(造形)의 아우트라인(outline)을 만든다.
2. 그 안쪽에 매스 플라워(mass lower)를 꽂는다.
3. 초점(focal point)에 폼 플라워(form flower)를 꽂는다.
4. 꽃과 꽃의 공간에 필러 플라워(filler flower)를 메워서 완성한다.

여기에서 유의해야 할 점은 '반드시 장미(rose)은 매스 플라워(mass lower)이고, 스톡크(stock)는 라인 플라워(line flower)' 라는 단정적인 생각은 하지 말아야 한다는 것이다. 즉 용담으로 아우트라인을 구성하고 카네이션(carnation)으로 매스 플라워 처리한 후, 덩어리의 꽃인 장미를 포컬 포인트의 폼 플라워로서 꽂아도 무방하다는 것이며, 한 종류의 장미만으로도 봉오리는 line, 중간 봉오리는 mass, 활짝 핀 꽃은 form이 될 수 있다. 또 잎류(green)나 작은 나뭇가지(twig)를 라인 플라워로서 취급하기도 한다. 그러므로 반드시 4가지 종류의 꽃이 없으면 어레인지먼트를 할 수 없다는 생각은 버려야 한다.

6. 유러피언 스타일의 구성 (Composition of European style)

서양스타일 플라워 디자인에는 미국을 중심으로 한 웨스턴 스타일(Western Style)과 1950년대부터 독일을 중심으로 한 유러피언 스타일(European Style) 두 가지가 있다.

우리나라에서는 유러피언 스타일을 따르고 있는데, 이 스타일은 꽃 또는 모든 식물을 아름답게 하는 데만 그치지 않고 자연 그대로의 개성을 중시하여 꽃 또는 식물을 독자적인 생명체로 인식하며, 그 생육특성들을 살려서 다양하게 디자인 구성을 하고 있다. 유러피언 스타일은 제작구성에 따라 장식적 구성(decorative form), 식생적 구성(vegetative form), 형태와 선적 구성(formal-linear form)이 있다.

1. 장식적 구성(Decorative Form)

장식적 구성이란 식물자체가 갖고 있는 자연의 식물성과는 관계없이 꽃 소재를 인위적으로 재구성하여 장식성이 높은 형태를 구축하는 개념이다. 어떤 형태로 구성하는 방법이다. 각각의 꽃이 자기주장을 하는 것이 아니라, 꽃 전체가 한 무리가 되어 형태를 표현하는 것에 중점을 둔다. 전체적으로 풍요로운 볼륨과 호화롭고 다이나믹한 효과가 있어 새로운 하나의 완성된 형태를 표현해 내는 이른바 형태의 장식적 효과를 얻는 구성이다.

플라워 디자인의 조형 상 여러 구성 중에서 가장 먼저 있었던 스타일로서 지금도 대단히 많이 사용되고 있다. 바로크양식 건물 안의 테이블 장식, 엄숙한 축전이나 제전의 장식은 필연적으로 요구되는 형식이다. 대부분이 대칭형으로 구성되는 방향성 또는 방사상(radial) 1초점의 정통적(traditional)인 스타일이다.

장식적 구성의 작품에는 그 자체가 장식적인 성질을 갖고 있는 꽃 또는 대칭형으로 피어있는 국화, 모란, 수국, 메리골드, 스트레치아, 아이리스, 장미 등이 특히 적합하다. 그러나 비대칭형의 윤곽을 갖고 있는 꽃, 간격이 크게 벌어져 있는 글라디올러스, 델피니움, 리시안서스, 스타티스, 덴파레, 칼라, 아마란사스 등은 그다지 적합하지 않다. 꽃다발의 경우 같은 종류의 꽃을 그루핑(grouping)하면서 만드는 것이 기본 패턴이다. 그러나 어떠한 구성 하에 있어서도 반드시 시각적인 초점을 형성하여 주어야 한다

장식적 구성은 대부분 고전적인 작품으로서 다음과 같은 구성 형태가 있다.

- Traditional Style
  다양한 꽃과 과일, 야채 등을 이용해서 느낌이 나는 전통적인 구성 형태

- Parallel Style
  장식적이면서 꽃을 수직으로 꽂아 병행적인 구성 형태

- Texture Style
  소재들을 빽빽하게 밀착시키고 표면에 깔아 베이스와 미케닉스(mechanics)를 가리면서 구성한 형태

- Horizontal Style
  낮고 납작해서 평온하며 소극적인 느낌을 주는 구성 형태

- Structure Style
  장식적이면서 구조물을 보는 듯한 구성 형태

- Free Style
  자유스럽고 상상력이 풍부한 구성 형태

- Flieβend Style
  폭포처럼 높은 곳에서 떨어지는 듯한 느낌을 표현한 구성 형태

- Experimental Style
  예기치 않은 방식으로 작품들을 비정상으로 제시하고 중심에서 벗어난 각도를 이용하면서 소재들을 바꾸거나 요소들을 대치시키는 구성 형태

2. 식생적 구성(Vegetative Form)

식생적 구성이란 식물이 자연 속에서 자라나고 있는 모습이나 상태를 부분적 또는 전체적으로 표현하는 방법이다. 자연으로부터 배우고, 자연을 작품 속에서 표현하며, 자연을 느낄 수 있는 구성이다.

1950년경 플로리스트(florist)들이 자연에 눈을 뜨기 시작하면서 이미 오래 전부터 내려온 장식적 구성에 대항하여 식생적 구성이란 개념이 생겨났다. 식생에 관계없이 작가의 자유로운 의도로 디자인하는 장식적 구성과는 확연하게 대비되는 디자인이다.

꽃 소재의 배합도 식물의 생육환경(生肉環境)을 고려한 것이 아니면 안 되며, 식물의 자연식생을 상하게 하지 말아야 한다. 아무런 속박도 받지 않는 자연 그대로의 식생적인 표현을 느끼게 하는 전형적인 비대칭형(asymmetry)으로 자유로운 그루핑(free grouping)으로 구성한다. 1초점이나 1생장점의 식생적 구성도 물론 있으나 식물이 자라고 있는 모양의 병행(parallel)이 위주인 형이라 할 수 있다. 그러므로 대개 복수(複數)의 초점 또는 생장점을 갖는다.

많은 종류의 꽃이나 식물을 사용한 작품의 경우에는 특히 그들이 같은 환경에서 자라고 있는 것인가, 자라고 있는 모양이 식생적, 생장적, 자연적 형태인지 충분히 검토한다. 특히 모듬 심기의 작품을 만들 때에는 그것이 더욱 중요하다. 인공적인 소재와 장식물은 사용이 제한된다. 이끼나 바위, 고목 등 자연소재라 할지라도 생육 환경과 자연의 식생에 거부감 없게 구성해야 한다. 화기의 선택은 자연에 거슬리지 않는 그릇이라면 어떤 것이라도 좋으나 개성적인 화기, 광택이 있는 색은 식생적인 매력을 감소시킨다. 화기의 높이는 낮아야 하는데 이는 어레인지먼트(arrangement)가 놓일 장소에서 꽃이 실제로 자라고 있는 것과 같은 느낌을 주어야 하기 때문이다.

식생적 구성에는 다음과 같은 구성 형태가 있다.

- Garden Style(Parallel Style)
  정원에 심어진 꽃과 같은 뚜렷한 소재들로 조직된 양식이며, 정원을 연상시키는 구성 형태

• Crossing Style

자연상태에서 꽃이나 식물이 자라고 있는 형태를 교차적으로 배치한 구성 형태

3. 형태와 선적 구성(Formal-Linear Form)

화재의 형과 선을 대비하여 강조하는 구성으로 1960년대 중반에 출현하여 1970년대에 성행하였다. 각 식물의 소재가 가지고 있는 형태와 동적인 특성을 보다 잘 나타내도록 대비(對比)하여 형과 라인을 명확히 표현하는 구성이다. 보통 하이 스타일 디자인이나 아르데코(Art Deco)라고도 부르는 이 비대칭형 어레인지먼트(asymmetry arrangement)에서는 형태와 각도, 깔끔한 선을 강조한다. 보통 이국적인 열대의 꽃과 잎을 사용하여 디자인하는 이 양식은 독특한 모양과 색채 · 패턴 그리고 질감을 연출하게 된다. 전체 디자인은 깨끗한 선으로 깔끔하고 잘 조직된 것처럼 이루어져야 한다. '적을수록 좋다' 는 개념이 이 독특한 디자인에서는 필수적이다. 각 식물 소재가 갖고 있는 형태와 움직임의 특성을 보다 명확하게 나타나도록 추상적이거나 도형적(graphical)인 형태로 구성한다.

자연감을 구성하는 것으로부터 하나의 초점이나 복수초점으로 하고, 비대칭적이거나 대칭적인 형태로 방사상(radial)이나 병행상(parallel), 교차상(crossing)으로 배치한다. 이 방법은 어떤 면에서 동양적인 꽂꽂이 개념에 대단히 가깝다고 볼 수 있다. 화기는 낮은 것을 사용해도 좋으며, 하이 스타일 감각으로 전체 디자인의 필수적인 부분이 되어야 한다.

전형적으로는 자유로운 배열, 즉 비대칭이지만 대칭형도 가능하다. 여기에 비율(proportion), 그루핑(grouping), 공간의 설정, 컬러, 율동감 등 조형의 기본원칙을 충실히 따라야 함은 물론이다. 식물의 주장형태, 움직임에 대해 충분히 파악하고 있어야 하며, 형과 선의 종류와 양을 최소한으로 억제하여 응축된 형과 공간을 그리는 선의 움직임을 명확하게 표현한다. 식물소재와 함께 인공적인 소재를 조합하여 사용하면 재미있는 작품이 된다.

어레인지먼트는 앞 · 뒤의 깊이, 즉 두께가 있는 것이 중요하다. 긴장감과 볼륨을 고려하여 사방에서 볼 수 있는 형으로 구성하는데, 이는 각도에 따라 다른 형태로 보일 수 있다. 비대칭으로 구성할 때 그루핑은 밸런스를 잡는 중요한 요소이다. 같은 화재끼리 높이를 각각 달리하여 뚜렷하게 그룹을 형성하여 배치한다. 밸런스를 이루면서 동시에 어느 위치에 무엇을 배치하는가에 따라 임팩트가 있는 작품, 즉 형과 선을 강조하는 디자인이

나타난다. 이 때 화기도 또한 중요한 구성요소의 하나가 된다. 어레인지먼트가 강렬한 인상을 갖고 있을 때는 화기 자체의 인상도 강한 이미지가 필요하다. 원통형의 화기는 자체를 아름답게 보이기 위하여 되도록 높은 것을 쓴다.

형태와 선적 구성에는 다음과 같은 구성이 있다.

- Graphical Style
  선과 각도가 명확하게 표현되며 비대칭적인 균형을 지닌 구성 형태

- Crossing Style
  소재들이 아주 곧고 형식적으로 교차하는 구성 형태

- Parallel Style
  모든 줄기들이 완전히 평행이면서 그들 사이에 공간을 가진 구성 형태

- Experimental Style
  소재들을 곧거나 정적으로 구성하여 역동적인 느낌을 주며, 틀에 얽매이지 않으면서 진보적인 구성 형태

전통적인 양식(traditional style)에 따른 플라워 디자인은 17가지 형태로 구분을 하는데, 디자인의 구성요소에 도입시켜 선, 면, 입체 구성으로 구분할 수 있다. 선 구성 중 직선 구성에는 수직형(vertical), 역 T자형(inverted T), L자형(L-shape), 대각선형(diagonal) 디자인이 있고, 곡선 구성에는 S자형(hogarth line), 초승달형(crescent) 디자인이 있다. 면 구성에는 부채형(fan), 타원형(oval), 삼각형(triangular), 사각형(square) 디자인이 있다. 입체 구성은 전후좌우, 어느 방향에서도 감상할 수 있는 사방화로 구분하며, 공간(space)과 같은 의미로 쓰인다. 따라서 입체 형태의 플라워 디자인은 테이블의 센터피스로 가장 많이 이용하고 있다. 이 구성에는 반구형(dome), 둥근형(round), 구형(ball), 원뿔형(corn), 사각뿔형(pyramid), 수평형(horizontal), 다이아몬드형(diamond), 토피어리형(topiary) 디자인이 있다.

유러피언 스타일

구 분		형 태	의 미	모 델
장식적 구성 (decorative form)	show	traditional style	전통적	
		parallel style	병행적	
		texture style	짜임새	
		horizontal style	수평적	
		structure style	구조적	
		free style	자유로운	
		flieβend style	쏟아지는	
		experimental style	실험적	

구 분		형 태	의 미	모 델
식생적 구성 (vegetative form)	nature	garden style (parallel style)	정원형 (병행적)	
		crossing style	교차적	
형태와 선적 구성 (formal –linear form)	personality	graphical style	도형적	
		crossing style	교차적	
		parallel style	병행적	
		experimental style	실험적	

전통적인 양식의 유형

구 분	형 태	의 미	느 낌	모 델
선구성 (일방화)	vertical design	수직형	직선적인 힘과 남성적인 강렬한 느낌	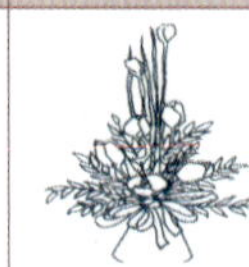
	inverted T design	역 T자형	간결하고 안전한 느낌	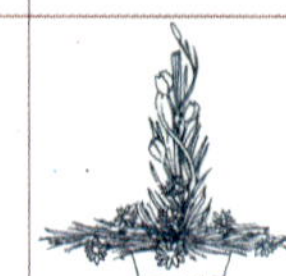
	L-shape design	L자형	예리하고 인상적인 느낌	
	diagonal design	대각선형	세련된 느낌	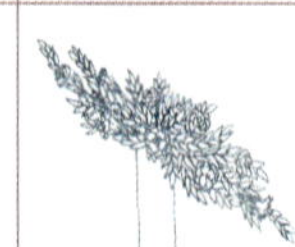
	hogarth line design	S자형	여성적인 유연성과 세련된 느낌	
	crescent design	초승달형	가냘프고 신비한 느낌	
면구성 (일방화)	fan design	부채형	화려한 느낌	
	oval design	타원형	차분하고 온화한 느낌	
	triangular design	삼각형	중후하고 실용적인 느낌	

구 분	형 태	의 미	느 낌	모 델
	square design	사각형	중후한 느낌	
입체구성 (사방화)	dome design	반구형	귀엽고 안전한 느낌	
	round design	둥근형	귀엽고 원만한 느낌	
	ball design	구형	귀엽고 견고한 느낌	
	corn design	원뿔형	간결하고 실용적인 느낌	
	pyramid design	사각뿔형	화려하고 견고한 느낌	
	horizontal design	수평형	안전하고 잔잔한 느낌	
	diamond design	다이아몬드형	차분하고 견고한 느낌	
	topiary design	토피어리형	자연스러운 느낌	

7. 소재의 선택

꽃을 선택할 때도 디자이너의 개성이 발휘되고 있다. 플라워 디자인을 어떻게 해야 한다는 규칙이 있는 것은 아니지만 기본적으로 계절적인 것을 중심으로 생각하면서 좋아하는 재질, 색채, 그리고 꽃말 등 여러 가지 요소를 고려하는 것이 좋다. 꽃을 선택할 때는 필요한 꽃을 작품의 구성이나 목적에 따라 미리 생각해 두어야 하며 품질에 주의하도록 해야 한다. 특히 꽃이 알맞게 피어 있고 봉오리가 좋으며 줄기와 잎이 싱싱한 것을 택하도록 하여야 한다. 어느 정도 핀 꽃을 사용할 것인가 하는 문제는 사용할 목적을 고려해야 한다.

플라워 디자인에서 취급하고 있는 소재로는 생화(生花)와 가지 · 잎 · 드라이 플라워와 조화 · 압화(press) 등으로 나눌 수 있다. 또 조화로는 종이나 리본 · 플라스틱 · 고무 · 나뭇조각 · 철사 · 천 · 깃털 · 털실 · 아크릴 등에 이르기까지 우리의 생활 주변에 있는 것은 거의 이용할 수 있다.

8. 어레인지먼트의 미케닉스(Mechanics of Arrangement)

플라워 디자인에서는 수명이 짧은 꽃이 빨리 시들지 않고 조금이라도 그 아름다움을 오래 유지하기 위하여 짧은 시간 안에 디자인을 완성하여야 하므로 여러 가지 도구가 필요하다. 이들은 단지 꽃의 아름다움을 구현하기 위한 것뿐 아니라 꽃을 가공하고 오래 보존하도록 하기 위한 것들이다. 꽃을 배치하고 고정시키는데 사용되는 모든 종류의 보조 재료를 미케닉스라고 부른다.

1. 토대

① 플로랄 폼(floral foam)

플로랄 폼은 플라워 어레인지먼트에 사용하기 위해서 특별히 디자인된 흡수성이 강한 재료이다. 폼들은 보통 녹색이고 벽돌 같은 모양을 하고 있으며, 얇은 막이 플로랄 폼을 덮고 있어서 수분을 보유하기 좋다. 절화를 사용하는 어레인지먼트에 쓸 플로랄 폼이라면 반드시 사용 전에 물을 흠뻑 흡수하도록 한다.

폼은 물을 흡수하는 정도가 다양하기 때문에 저절로 물을 흡수하도록 놔두는 것이 가장 좋은 방법이다. 폼을 깨끗한 싱크대나 절화 보존 용액이 든 물통에 자유로이 뜬 상태로 두면 물을 최대한으로 흡수하게 된다. 블록이 물을 완전히 흡수하려면 1~2분 정도 소요된다. 폼에서 거품이 멈출 때까지 그냥 내버려둔다.

② 우레탄 폼(urethane foam)

회색의 화학물질로 드라이 플라워를 이용하여 어레인지먼트 할 때 사용한다. 화환(wreath)이나 십자가(cross), 하트(heart), 토피어리(topiary) 등에 베이스(base)로 사용된다.

③ 앵커 핀(anchor pin)

앵커 핀은 접착제나 테이프로 화기의 바닥에 쉽게 고정시킬 수 있다. 물을 흡수한 플로랄 폼을 앵커 핀의 위에 놓는다. 폼 전체를 고정시키기 위해서는 여러 개의 앵커 핀이 필요하지만, 일단 잘 꽂기만 하면 폼을 그 자리에서 움직이지 않도록 안전하게 고정시킬 수 있다.

④ 그리드(grids)

그리드를 깨끗한 유리 화기 위에 설치하면 꽃들을 어레인지하기가 훨씬 수월하다. 눈에 안 띄는 미케닉스를 이용해서 줄기의 자연스러운 아름다움을 보여줄 수 있다. 그리드는 6mm 정도의 방수 테이프를 화기 위에 엇갈리게 설치하면 된다. 테이프를 그 자리에 고정시키려면 화기를 깨끗하고 마른 상태로 유지해야 한다. 유리 화기의 입구에 고정되는 플라스틱 그리드도 있다.

치킨 와이어(chicken wire)로 만드는 그리드는 치킨 와이어의 끝을 화기의 입구 테두리 위에 맞추어 누른 다음 깨끗한 방수 테이프로 붙이거나, 뷰티 클립(beauty clip)을 사용해서 화기 가장자리에 고정시킨다. 와이어의 끝이 화기를 긁지 않게 주의한다.

잎줄기를 서로 맞물려 만드는 잎 그리드(foliage grid)는 작업이 빠르고 단순하며, 시간을 준수하는 기법으로 다른 말로 폴리지 레이싱(묶음)이라고도 부른다. 그리드는 잎만으로 만들기 때문에 미케닉스를 가리려고 노력하지 않아도 된다. 보통 루모라 고사리(leather fern)로 그리드를 만든다. 그러나 레몬 잎(lemon leaves)이나 허클베리 잎(huckleberry leaves) 등 서로 다른 유형의 잎을 합해서 만들 수도 있다. 얼마만큼의 잎줄기가 필요한지는 화기 입구의 크기와 앞으로 꽂을 꽃의 수량에 따라서 결정된다. 줄기 아래의 잎을 제거하여 줄기 하나를 화기 안에 꽂고 줄기의 사이에 두 번째 줄기를 집어넣는다. 계속하여 그리드가 빽빽하게 서로 맞물릴 때까지 작업한 다음 꽃과 필러(filler) 소재들을 꽂는다.

2. 절단 도구

① 꽃 가위(florist's scissor)

잎과 가시를 자르거나 제거할 때 사용한다.

② 전정 가위(secateurs)

굵은 나뭇가지를 자를 때 필요하다.

③ 플로랄 나이프(floral knife)

줄기를 자를 때 나이프를 사용하면 깨끗하고 빠르게 자를 수 있다. 아무리 날카로운 가위일지라도 자를 때 도관을 막아 물의 흐름을 방해할 수도 있다.

④ 와이어 커터(wire cutters)

와이어를 자르거나 속에 와이어를 포함하고 있는 조화의 줄기를 자르는데 사용된다.

⑤ 스트라이퍼(strippers)

핸드 스트라이퍼는 로즈 스트라이퍼라고도 부르는 것으로, 줄기에서 가시와 잎을 떼어내는 데 사용한다.

⑥ 리본 가위(ribbon's scissor)

리본 가위는 길고 가는 날을 가지고 있는 것이 좋으며, 날을 유지하기 위해 리본과 직물, 그리고 장식용 은박지를 자를 때에만 사용한다.

3. 접착제(glue adhesives)

① 글루 건과 글루 스틱(glue gun and glue sticks)

글루 스틱은 플라워 샵에서 광범위하게 사용되는 접착제로 고체 스틱형으로 되어있다. 글루 건 안에서 액체 상태로 녹았다가 짧은 시간 안에 고체화된다.

② 플로랄 테이프(floral tape)

와이어를 사용한 꽃이나 잎, 그리고 갈런드(garland) 등의 꽃 둘레에 감는 테이프로, 스템 랩(stem rap) 또는 그린 테이프(green tape)라고도 한다. 크레이프지 표면에 점착성 왁스를 발라 놓은 것으로 사용할 때에는 손으로 잘 당기면서 감아야 한다. 플로랄 테이프의 색은 흰색 · 검정 · 빨강 · 핑크 · 파랑 · 갈색 · 노랑 · 녹색 · 연두 · 엷은 자색 · 올리브 그린 · 아이보리 등 13가지가 있다. 일반적으로 잎을 사용할 때는 녹색 계통의 테이프나 꽃줄기의 색에 가까운 녹색을 고르면 된다. 여러 종류의 폭이 있으나 6mm짜리가 가장 일반적으로 사용되고 있다.

③ 앵커 테이프(anchor tape)

방수 테이프 · 볼 테이프(bowl tape) · 팟 테이프(pot tape)라고도 부르는 것으로 무색 · 녹색 · 흰색이 있고, 넓이는 6mm에서 1.2cm가 있다. 화기 안에 플로랄 폼을 고정시키는데 쓰이며, 꽃을 꽂기 위한 그리드를 만드는 데에도 사용한다.

④ 스프레이 접착제(spray adhesives)

꽃이나 잎, 열매 등을 부착시킬 때 간편하게 사용할 수 있다.

4. 와이어(wire)

자연의 줄기를 잘라 내고 가볍고 모양이 좋은 새 줄기를 만들 때나 줄기를 보강하거나 구부리는데 쓰인다. 와이어의 굵기가 다양하며, 녹색이나 흰색의 종이가 감겨 있는 것과 에나멜로 가공한 것, 롤드 와이어(rolled wire), 알루미늄 와이어도 있다.

5. 워터 튜브(water tubes)

보통 고무나 플라스틱 뚜껑이 달린 튜브로 꽃을 뚜껑의 중앙에 있는 구멍에 찔러 넣음으로써 계속적으로 수분을 공급받을 수 있다. 어떤 용도로 사용할 것인지에 따라서 다양한 튜브의 모양을 결정하게 된다. 끝이 가늘어지는 튜브는 플로랄 폼이나 식물, 혹은 디시 가든(dish garden)에 꽃을 꽂을 때에 이상적이며, 동그란 튜브는 보통 어딘가에 감싸 놓아서 수분 공급이 이루어질 수 없는 절화에 사용한다. 작은 튜브는 코사지나 다른 플로랄 아이템 등에 사용하는데 플로랄 테이프 안쪽에 숨기기 쉽다.

6. 플로랄 스프레이(floral sprays)

스프레이 페인트는 여러 가지 색을 사용할 수 있다. 절화와 그 잎에 사용하기 위한 것들이지만 그 외에도 드라이 플라워나 실크 플라워와 같이 반영구적인 꽃과 화기 · 액세서리에도 사용할 수 있다. 절화에 사용할 경우 너무 가까이에서 뿌리면 쉽게 상할 수도 있으니 주의한다.

7. 기타 도구

① 스티로폼(styrofoam)

발포성 화학 스펀지로 여러 가지 모양으로 잘라서 꽃을 꽂기 위한 밑받침으로 쓰인다. 가볍기 때문에 운반이나 다루기가 쉬워 많이 사용되고 있다.

② 자갈(gravels) · 유리 구슬(glass bead)

그릇의 크기나 형태에 따라 오아시스를 사용하지 못하는 경우가 있다. 이럴 때는 자갈을 담아 꽃을 고정하기도 한다. 투명한 유리 용기에서 줄기를 보이고 싶지 않을 때는 예쁜 자갈이나 유리 구슬 등을 담아 이용하면 색다른 맛을 낼 수 있다. 또 용기의 바닥이 너무 깊거나 휘었다거나 울퉁불퉁하여 오아시스 등이 안정치 않을 때에는 바닥에 모래를 깔아서 고른다.

③ 이끼(moss)

식물을 심을 때 흙 대신 쓰거나 꽃을 꽂는 공간을 메우는데 쓰인다.

④ 분무기(sprayer)

완성된 작품의 잎이나 이끼 등에 물기를 뿜어 주어 소재에 생동감을 주거나 작품이 오래가도록 수시로 수분을 공급하는 도구이다.

⑤ 노끈(string)

내추럴 스타일 부케의 포커스를 묶을 때 사용하며, 마 노끈은 마 로프에 염색한 것으로 리본 대신 꽃다발에 달거나 아주 가늘게 풀어서 여러 갈래를 꽃 위에 슬쩍 씌우는데 사용한다. 야자과 식물의 잎 섬유로 만든 라피아(raffia)는 꽃을 묶거나 리본처럼 쓰이고 있다.

Mechanics of Arrangement

플로랄 폼
(floral foam)

우레탄 폼
(urethane foam)

스티로폼
(styrofoam)

노끈 (String)

워터 튜브
(water tubes)

앵커 핀
(anchor pin)

앵커 테이프
(anchor tape)

플로랄 테이프
(floral tape)

라운드 플로랄 폼
(round floral foam)

⑥ 리본(ribbon)

색상과 재질이 풍부하다. 공단 · 아세테이트 · 테트론 · 레이스 · 금속성 재질 · 방수 가공 처리 등 많은 종류가 있다. 폭도 다양하지만 일반적으로는 0.6cm, 1.2cm, 2.4cm, 3.6cm, 4.8cm, 7.2cm 등의 규격을 많이 사용한다.

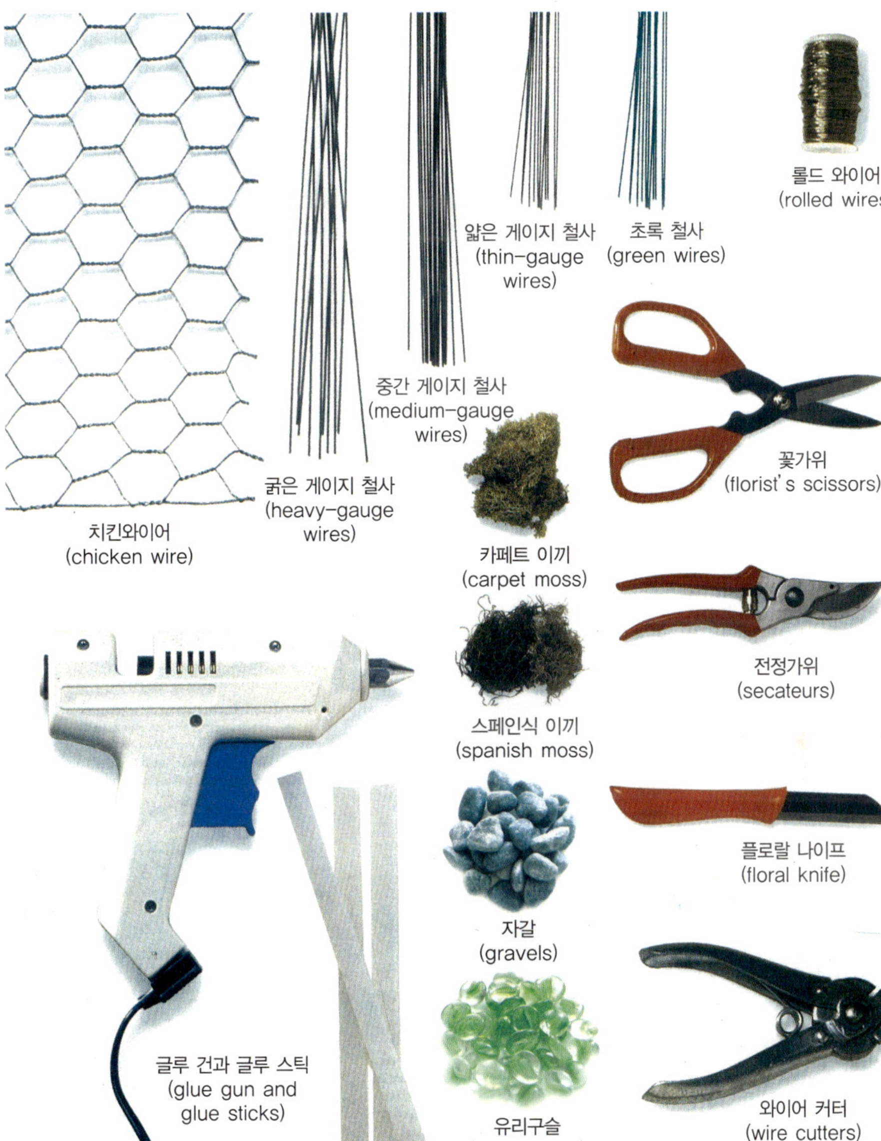

플로랄 스프레이
(floral sprays)

스프레이 접착제
(spray adhesives)

분무기
(sprayer)

리본 가위 (ribbon's scissor)

라피아 (raffia)

리본 (ribbon)

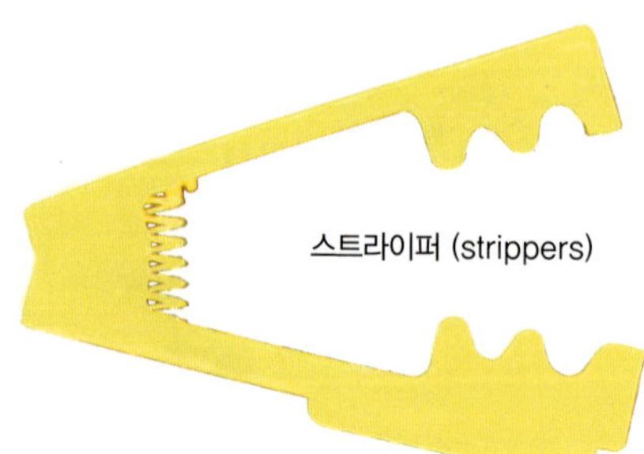

스트라이퍼 (strippers)

9. 와이어링 기법(wiring Method)

플라워 디자인 기술 중에서 가장 중요한 기초 기법으로 철사를 사용하는 요령으로 다음과 같은 이유에 쓰인다.

- 구부러진 줄기를 곧게 펴기 위해
- 약한 줄기를 지지하기 위해
- 꽃을 똑바로 세우고 시드는 것을 막기 위해
- 원하는 포지션대로 꽃과 잎을 세우기 위해
- 꽃송이가 줄기로부터 떨어지는 것을 막기 위해
- 코사지의 줄기가 너무 부피가 커지지 않도록 하기 위해
- 코사지에서 줄기를 재배치하기 위해
- 코사지나 어레인지먼트에 액세서리를 붙이기 위해

와이어에는 녹색이나 흰색의 종이가 감겨 있는 것과 에나멜로 가공한 것, 롤드 와이어, 알루미늄 와이어도 있다. 플로리스트 와이어는 가장 굵은 #18에서 가장 가는 #32까지의 다양한 무게와 직경의 게이지(gauge)로 불리는 것이 있다. 와이어 게이지 번호는 와이어가 커짐에 따라 작아진다. #20과 #26 와이어는 플라워 디자인의 모든 과정에서 필요로 한다. 플라워 디자인에서 너무 굵은 와이어를 사용하면 꽃이 상하기 쉽고, 너무 가는 것을 사용하면 꽃이 제대로 지탱하지 못하게 된다. 꽃을 지탱해주고 제자리에 고정시키도록 할 수 있는 와이어를 선택하는 것이 좋다.

와이어를 취급할 때는 와이어가 구부러지지 않도록 하며, 굵기가 서로 다른 와이어를 섞어서 쓰지 않도록 한다. 와이어를 자를 때는 절단한 부분이 경사지어 날이 서지 않도록 한다.

1. 피어스 메소드(Pierce method 또는 Piercing method)

카네이션이나 씨방이나 장미 · 다알리아와 같이 꽃받침 부분이 발달하여 단단한 꽃 종류에 사용하는 방법이다. 와이어를 씨방이나 꽃받침 부분의 줄기에 옆으로 직각이 되게 찔러 넣고 두 가닥이 되게 구부리는 방법이다. 주로 장미 · 카네이션 · 다알리아 · 금잔화에 쓰인다.

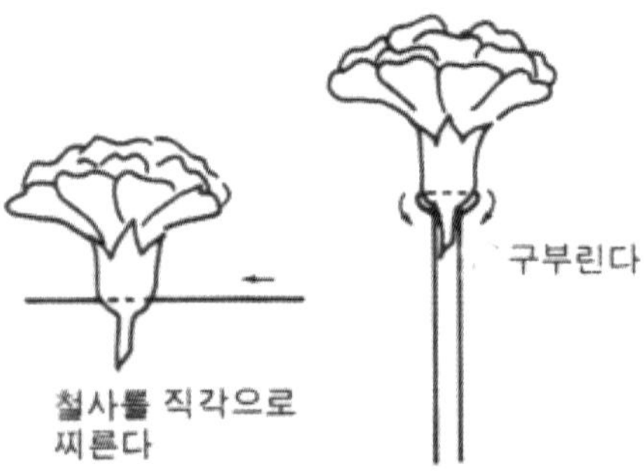

2. 후킹 메소드(Hooking method)

와이어의 끝을 1cm 가량 갈고리 모양으로 구부려서 꽃의 중심부 위로부터 찔러 넣어 갈고리 모양으로 구부린 끝 부분이 꽃 속에 묻혀 보이지 않을 때까지 아래로 당긴다. 주로 심비디움 · 알스트로메리아 · 안스리움 · 칼라 · 카틀레야 · 덴드로비움 · 팔레놉시스 등의 난 계통에 사용된다. 백합 등은 모두 와이어를 줄기 쪽 밑으로부터 관통시키는 방법을 쓰고, 거베라 · 국화 · 마거리트 · 라넌큘러스 · 스카비오사 등은 위에서 아래로 관통시키는 방법을 쓴다.

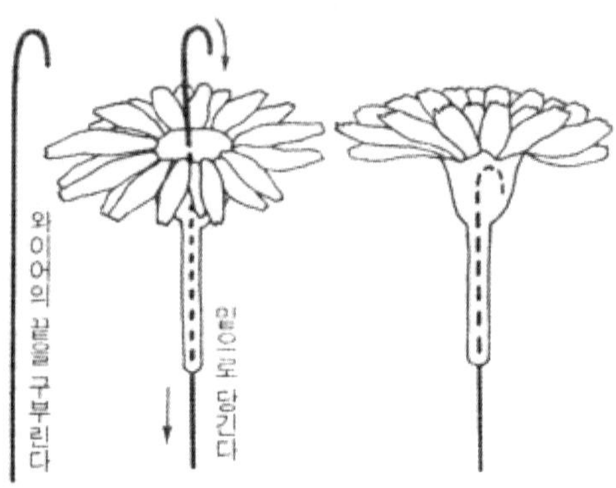

3. 인서션 메소드(Insertion method)

줄기가 약하거나 속이 비여 있는 상태의 꽃을 자연 줄기 그대로 살리고 싶을 때 사용하는 방법이다. 와이어를 밑에서 꽃의 중심을 향해 주사를 놓는 것처럼 줄기가 잘린 부분에서 되도록 꽃에 가깝게 와이어를 찔러 넣는다. 이것은 줄기가 휜 것을 똑바로 세워 주거나 꽃이 고개를 수그리지 않게 하기 위해서, 반대로 줄기를 곡선으로 만들기 위해서 사용되고 있다. 주로 국화 · 팬지 · 데이지 · 거베라 · 작은 장미 · 아네모네 · 금어초 · 글라디올러스 · 스위트피 · 라넌큘러스 등의 작은 꽃과 칼라나 수선화 등의 자연 줄기에 사용된다.

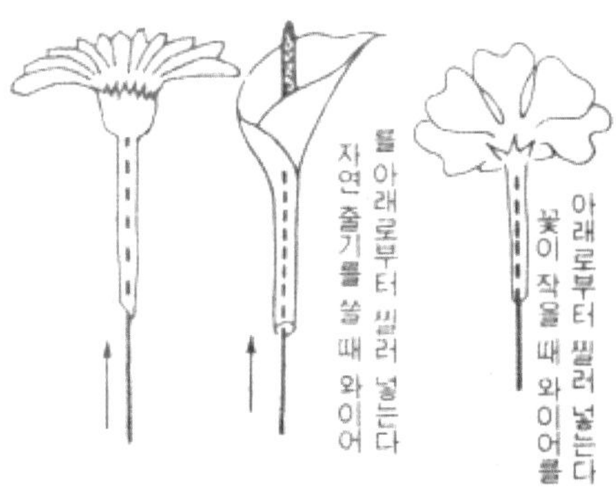

4. 헤어핀 메소드(Hair-pin method/U자형으로 꽂기)

와이어를 머리 핀 모양으로 구부려서 잎이나 꽃에 꽂아 보강하는 방법이다. 잎의 뒷면 잎맥에서 위로부터 1/3 · 1/2되는 부분을 와이어로 살짝 떠서 접어 내린다. 주로 동백잎 · 아이비 · 칼라테아 · 포토스 · 루모라(레더리프) 등에 쓰인다.

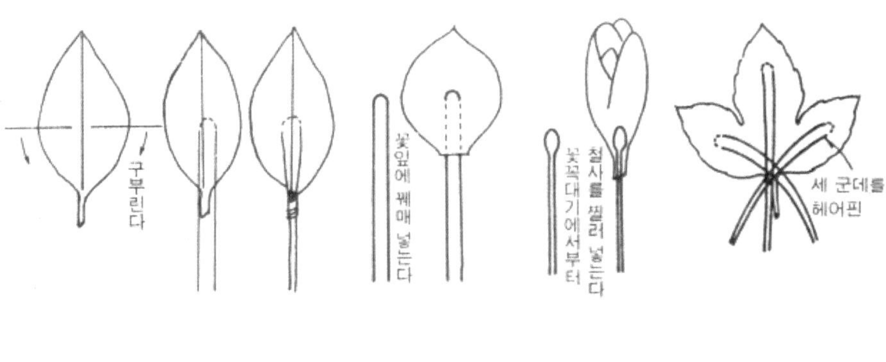

5. 시큐어링 메소드(Securing method)

와이어를 찔러 넣을 수 없는 꽃은 와이어의 끝을 갈고리 모양으로 만들어 꽃의 맨 끝에서 고정시키고 꽃이 상하지 않게 와이어를 감는다. 주로 은방울꽃 · 금어초 · 스토크 · 프리지아 · 글라디올러스 · 유카리 등에 쓰인다.

6. 루핑 메소드(Looping method)

관이나 통 모양으로 된 꽃에 와이어의 끝을 동그랗게 구부려서 아래로 찔러 넣어 마무리하는 방법이다. 둥근 부분에 코튼이나 엷은 종이를 둥글게 만들어 붙여 물을 머금게 하면 꽃의 수명을 오래가도록 할 수도 있다. 주로 스테피노티스 · 아가판서스 · 수선화 · 프리지아 · 히아신스 · 프로테아 등에 사용한다.

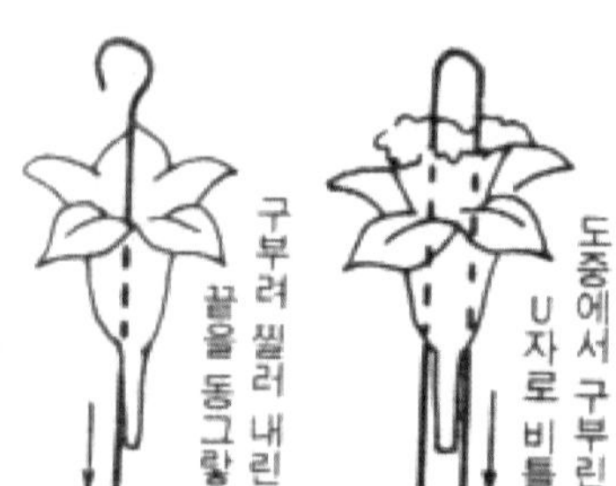

7. 클러치 메소드(Clutch method)

#20이나 #22 와이어에 테이프를 감아 두고 끼울 수 있는 홀더를 만들어 꽃이나 줄기를 끼워 넣어 마무리하는 방법이다.

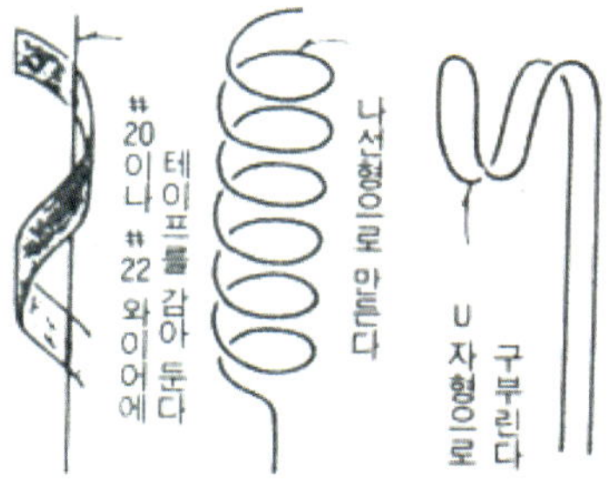

8. 트위스팅 메소드(Twisting method)

꽃잎 뿌리 부분에 #28~#30의 가는 와이어를 돌돌 감아서 마무리짓는 방법이다. 와이어를 찔러 넣을 수 없는 꽃이나 가는 가지 혹은 꽃잎을 모아서 묶을 때(feathering) 사용하는 방법이다.

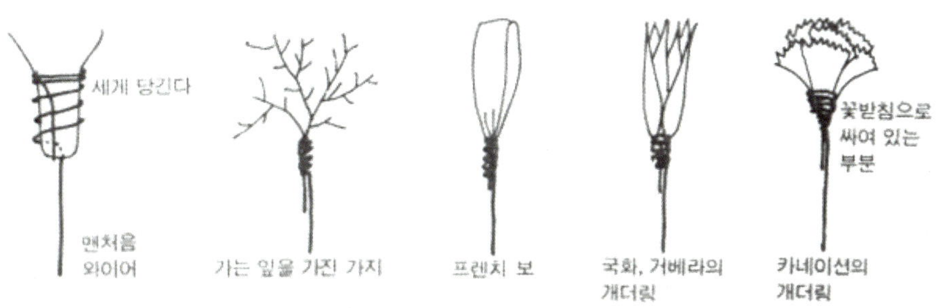

과실의 와이어링

플로랄 테이핑 방법(method of floral taping)

1 꽃받침에서 2.5cm 부분의 줄기를 자른다. 철사를 직각이 되게 찔러 넣고 구부린 후 줄기와 함께 감아내린다.

2 감아내린 철사 끝을 7.5cm지점에서 자른다.

3 철사를 감은 꽃받침 부분부터 플로랄 테이프를 감는다.

4 플로랄 테이프를 감기 시작한 곳을 잡고 다른 한 손으로 잡아 당기며 돌린다.

10. 화기(Container)

물을 담을 수 있는 것은 무엇이든 화기로 사용할 수 있다. 그러나 화기는 디자이너가 마음 속에 가지고 있는 어레인지먼트에 대한 아이디어를 표현할 수 있도록 도움을 주어야 한다. 화기는 전체 디자인과 놓일 장소에 시각적 · 물리적으로 잘 어울려야 한다.

1. 기능

화기는 어레인지먼트에서 가장 중요한 부분이다. 전체 디자인의 구성을 위한 토대이고 출발점이라 할 수 있다. 기초가 약할 경우에는 플라워 어레인지먼트도 빈약하게 보이기 때문이다. 여러 가지 요인이 플라워 어레인지먼트에 알맞은 화기를 만든다. 생화를 꽂는 화기는 수분을 지속시켜주어야 되므로 줄기를 담을 수 있도록 넓어야 하고, 꽃이 뻗어나가는 화기의 입구도 많은 줄기를 꽂아도 충분할 정도로 넓어야 한다. 어레인지먼트의 실제 무게를 감당할 수 있을 만큼 중량이 있어야 하고, 구성에 사용된 미케닉스를 가릴 수 있는 기능도 있어야 한다.

2. 모양과 크기

화기를 고를 때 첫 번째로 고려해야 할 점은 모양이다. 화기의 모양은 흔히 디자인의 형태를 결정한다. 수반은 수평적 디자인에 사용되고 낮은 테이블 어레인지먼트에 사용되는 반면, 화병은 좀더 수직적인 디자인에 사용된다.

화기는 명확한 선을 가지고 있어야 하고, 지나친 장식이 있어서는 안 된다. 화려하게 장식된 용기는 화기 자체에 주의를 끌게 하고, 어레인지먼트로부터는 시선을 돌리게 한다. 화기는 어레인지먼트와 규모가 맞고 꽃과 세팅과의 비율도 잘 맞아야 하며, 안에 담는 꽃과 잎을 과장하지도 가려 보이지도 않아야 한다.

화기의 크기는 기능과 관계가 깊은데, 그 이유는 꽃을 담아 둘 때 보기에도 좋아야 할 뿐만 아니라 물리적으로도 안정되어야 하기 때문이다. 화기는 꽃과 잎의 무게를 쉽게 지탱해 주어야 한다. 무거운 대국과 글라디올러스의 경우 넘어지지 않을 만큼 큰 화기가 필요한 반면 잔잔한 크기의 스위트하트 장미와 안개는 작은 화기가 더 적당하다.

3. 스타일

화기는 장식적인 면에서 어레인지먼트의 양식과 조화를 이루어야 하며, 어레인지먼트를 놓을 곳의 장식뿐만 아니라 꽃과도 어울려야 한다. 화기의 모양과 크기도 중요하지만 색과 패턴, 질감도 전체적인 분위기와 주제를 결정하는데 한 몫을 한다.

화기의 색상은 꽃의 색상과 꽃이 전시될 장소와 조화를 이루어야 한다. 자주 사용되는 중간색으로 초록색 · 황갈색 · 회색 · 갈색 계통이 있다. 꽃의 색과 비슷한 색의 화기를 사용하면 조화와 통일감을 표현할 수 있다. 어떤 색의 화기를 선택하든 꽃을 강조하는 효과를 가져야만 한다.

꽃과 잎, 액세서리의 질감이 어떤가에 따라서 가장 적당한 화기의 질감을 선택할 수 있다. 반짝거리는 금속이나 정교한 자기 제품과 같이 반사되는 화기는 일반적으로 보다 형식적인 느낌을 주고, 흔히 사치스러운 양식에 사용한다. 거칠은 질감을 가진 바스켓과 목재로 만든 화기는 캐주얼한 분위기로 소박하고 세속적인 양식을 표현한다.

4. 일반 재료

여러 가지 다양한 재료로 만든 화기를 선택할 수 있다. 가장 많이 이용되는 화기는 유리와 플라스틱이며 바스켓도 많이 사용한다. 또한 여러 가지 유형의 세라믹 화기도 자주 사용한다. 조금 더 복잡하고 형식적인 느낌을 주는 것으로는 놋쇠와 기타 금속 화기가 있다. 어레인지먼트의 느낌에 잘 부합되고 예산도 적당한 화기를 사용하면 된다.

① 유리 화기

유리 화기는 모양과 크기, 스타일의 선택에 따라 이용할 수 있는 범위가 아주 넓다. 유리는 단순하고 편하면서도 질도 좋고 우아한 느낌을 함께 보여준다. 빛이 통과하는 성질 때문에 또 다른 차원의 아름다움을 더할 수 있다. 깨끗한 유리 화기를 사용한 어레인지먼트는 내부 작업을 그대로 보여주게 되므로, 자질구레한 미케닉스를 적게 사용해야 한다. 깨끗한 화기에는 조약돌이나 글래스 마블(glass marble) 등을 이용해서 미케닉스를 가리고 줄기를 원하는 각도로 유지할 수 있다. 모든 꽃을 적당한 장소에 놓아두기 위해서는 주둥이가 작은 화기를 쓰거나 화기의 맨 위에 플라스틱이나 테이프로 만든 격자무늬의 그리드(grid)를 사용한다. 혹은 잎으로 그리드를 만들면 훨씬 좋다. 유리가 투명한 것이라면 물을 언제나 맑고 깨끗하게 유지하는 것이 중요하다. 물에 꽂는 줄기 부분에 달린 잎은 모두 제거하도록 한다. 물에 잠기는 잎은 보이지도 않을뿐더러 박테리아를 번식시킨다.

② 플라스틱 화기

플라스틱 화기는 모양과 크기, 스타일과 색채별로 여러 가지 종류가 있다. 플라스틱으로 다른 유리 · 놋쇠 · 세라믹 등의 재료들로 만든 화기와 같은 외양을 만들어낼 수 있기 때문에 값이 싼 물건으로 보이지도 않는다. 플라스틱 화기의 여러 가지 장점으로는 값이 저렴하며 깨지지 않는 것이다. 플라스틱 화기는 가볍기 때문에 어레인지먼트에 사용된 꽃이 키가 크고 무거울 경우에는 돌이나 모래 · 자갈 · 석고 등의 무거운 것을 안에다 넣어야 한다.

③ 바스켓

바스켓도 여러 가지 스타일과 크기, 모양, 섬유질의 조합에 따라 다양하게 이용할 수 있다. 비교적 값이 저렴하고, 여러 가지 색과 질감으로 되어 있으며, 스프레이 페인트로 쉽게 색을 바꿀 수도 있다. 바스켓은 플로랄 폼과 물을 담아 둘 수 있는 플라스틱 접시나 상업용 라이너(liner)가 있어야 한다. 라이너에는 여러 가지 크기가 있는데 만일 라이너가 바스켓에 잘 안 맞으면 약간 작은 것을 테이프나 접착제로 고정시켜 사용하도록 한다.

④ 도자기

도자기 제품들은 세련된 선과 형태를 가졌기 때문에 순수한 예술품 같아 보인다. 이러한 것들은 일반적으로 조금 더 비싸고 세련된 스타일과 정교한 디자인을 가지고 있다.

⑤ 금속 화기

금속성 화기의 경우 박테리아의 생성을 억제하는 효과가 있어서 절화 보존제가 필요하지 않다. 금속은 물과 화학 용품에 의해 부식될 수도 있기 때문에 화기의 내부에 플라스틱 라이너를 사용하는 것이 좋다.

⑥ 나무 화기

나무 화기도 모양과 크기, 스타일과 색채별로 여러 가지 종류가 있다. 값이 저렴하며 깨지지 않는 다는 장점이 있다.

11. 어레인지먼트 제작 시 유의점

1. 제작하는 목적에 따라 화기(container)의 높이와 크기, 형태를 선정하고, 꽃 소재도 선택하여야 한다.
2. 토대 만들기(foundation work)는 화기에 확실하게 고정시켜야 하며, 토대에 신경 쓰면서 어레인지하여야 한다.
3. 사용하는 꽃 소재는 먼저 형태별로 라인 플라워(line flower)과 매스 플라워(mass flower), 폼 플라워(form flower), 필러 플라워(filler flower)로 분류한 후 각각 적합하게 사용하여야 한다.
4. 작품의 크기(scale)는 기초 이론의 비율(proportion)에 의하여 결정하여야 한다.
5. 초점(focal point)의 꽃은 형태가 가장 크고, 잘생긴 꽃 또는 가장 빛깔이 강한 꽃을 사용하여야 한다.
6. 잎류(green)나 나뭇가지류(twig)는 특별한 경우를 제외하고는 4개 주선의 꽃 머리보다 튀어나오지 않게 하여야 한다.
7. 작품의 뒷면(back ground)처리는 깨끗하게 처리하여야 한다.
8. 봉오리와 작은 꽃은 디자인의 꼭대기와 옆 가장자리에 꽂을 것.
9. 화기의 가장자리 선은 꽃이나 잎으로 가려줄 것.
10. 식탁장식의 꽃은 4방화로 하고, 가급적 낮게 꽂을 것.(25cm이내)
11. 꽃 소재는 너무 많은 종류나 빛깔을 사용하지 말 것.
12. 꽃의 얼굴을 서로 마주보게 꽂지 말 것.
13. 꽃의 색 조화에 있어 여러 가지 빛깔을 같은 양으로 쓰지 말 것.(강한 색 극히 소량, 중간 색 1/3, 약한 색 2/3정도로 사용할 것)
14. 오아시스(oasis)는 보이지 않도록 할 것.(잎류로 가릴 것)
15. 식탁장식의 꽃은 향기가 강하거나 손질하지 않은 것, 더러운 것은 사용하지 말 것.
16. 꽃, 잎이 식탁 위나 바닥에 떨어지거나 또는 화기의 가장자리에 쏠리게 하지 말 것.

12. 액세서리와 장소

특정한 주제를 표현하는 작품이나 특별한 경우에 사용하는 액세서리들은 바람직한 양식을 만들거나 중요한 메시지를 전달하는데 필수적인 요소이다. 액세서리를 작품 안에 놓든, 구성의 범위를 보다 크게 장식하기 위해서 어레인지먼트의 주위에 장식하든 간에 그것들의 목적은 전체적인 주제를 강조하는 것이어야 한다. 플라워 어레인지먼트를 놓아야 할 장소의 크기와 사용하는 화기, 그리고 놓아둘 장소의 인테리어나 색 · 패턴 · 양식 등과 조화를 이루어야 한다

테이블 플라워 디자인의 이해

Table Flower Design

02

1. 테이블 데코레이션에 나타난
   플라워 디자인의 표현특성
2. 테이블 데코레이션에 있어서
   플라워 디자인의 역할
3. 테이블 플라워 디자인의 역사
4. 센터피스 디자인
5. 테이블과 센터피스
6. 리셉션 데코레이션
7. 연중행사와 꽃의 관계
8. 플로랄 캔들

1. 테이블 데코레이션에 나타난 플라워 디자인의 표현특성

의식주에 관한 디자인 중에서 식(食) 디자인이 새로운 분야로서 관심을 모으기 시작했으며, 다른 분야들과는 달리 오감의 밸런스를 디자인한다는 폭넓은 디자인 영역, 그리고 물리적 건강뿐만 아니라 정신적 건강과도 직결되는 식문화의 영역은 디자인 외에도 서비스 등 다양한 영역이 요구된다. 그러므로 물리적인 시각적 접근에서 벗어나 감성의 시대인 21세기에 어울리는 새로운 종합 학문으로 연구되어야 한다.

테이블 데코레이션은 장식만이 아닌 창의적인 조화를 추구한 총체적인 이벤트라 할 수 있다. 현대의 식문화 공간은 기본적인 식욕을 충족시켜 주는 곳만이 아니라 사회적인 교류와 커뮤니케이션을 돕는 문화의 장이 되고 있으며, 이러한 의미에서 테이블 데코레이션과 같은 식공간(食空間) 연출 분야는 앞으로 그 역할과 비중이 더욱 커질 것이라 생각된다.

테이블 데코레이션에 주로 센터피스로 사용되어지는 플라워 디자인적 요소는 이벤트 연출을 하는데 큰 역할을 하므로 단순한 액세서리의 개념이 아닌 것이다. 꽃의 소재는 같은 종류라 할지라도 제각기 표정이나 상태가 다르므로 다른 어떤 센터피스에서도 느낄 수 없는 특별한 변화를 느낄 수 있다.

테이블 공간에서 나타난 테이블 플라워 디자인의 특성을 디자인 조건에 의하여 합목적성, 심미성, 경제성, 독창성, 질서성의 5가지 측면으로 분석해 보고자 한다. 첫째, 합목적성 측면은 실용성의 목적을 가리키는 것으로 효율성, 기능성을 의미한다. 둘째, 심미성 측면은 합목적성과 반대되는 개념으로 미의식을 말한다. 셋째, 경제성의 측면은 최소의 소재와 노력으로 최대의 효과를 거둔다는 것으로 모든 인간 생활에 통용이 되는 원칙이다. 넷째, 독창성의 측면은 독창적이고 창조적인 것으로 아이디어의 구현이나 컨셉, 테마를 결정짓는 디자인의 핵심이라고 할 수 있다. 다섯째, 질서성의 측면은 모든 성격을 서로 관련시키는 것으로 조형의 요소와 원리의 조화라고 볼 수 있다.

식음 공간에서의 테이블 데코레이션은 사회적 교류와 커뮤니케이션의 장으로 그 중요성을 띤다. 즉 테이블 플라워 디자인은 연령층, 라이프 스타일, 식사의 지향, 취미 등을 고려하여 '누구를 위한' 의 컨셉에 기본적인 틀을 두고 독창적으로 연출되어진다. 그러므로 식음 공간에서의 테이블 플라워 디자인은 넓은 의미로 쾌적성(amenity)를 추구하며,

합목적성과 심미성을 띠는 특성으로 식음 공간의 판매촉진에도 간접적으로 영향을 끼친다고 할 수 있다.

테이블 플라워 디자인은 오감 중에서 70~80%를 차지하는 시각을 색채로 자극하여 식욕을 촉진시킴과 동시에 화예 요소가 지닌 향기로 후각을 자극하여 식욕에 영향을 줄 수 있는 기능적인 특성을 가진다.

판매 공간의 테이블 데코레이션 연출은 목적에 따라서 판매 촉진, 계몽, 교육, 정보 파급, 홍보 등의 효과를 가져 올 수 있으며, 이는 화예디자인이 가지는 심미성을 기본 조건으로 하여, 합목적성과 경제성이 동시에 적용되는 특성을 지녔다고 할 수 있다. 이 공간에서의 테이블 플라워 디자인은 디스플레이의 역할을 하며, 고객과 상업공간에서 상호 작용하는 커뮤니케이션의 수단으로 사용되어진다. 테이블 플라워 디자인의 연출시 디스플레이의 경제성 개념이 도입되어 소재의 제약성을 배제할 수는 없다.

행사 공간에서의 테이블 데코레이션은 이벤트 연출의 한 장르로, 여기에서의 이벤트란 인간의 참가를 전제로 하는 모든 사건, 행위, 행사 등을 의미한다. 이벤트의 특성에 따라서 테이블 데코레이션은 formal, informal의 스타일로 나누어 연출이 가능하다. 대상과 목적에 따라서 스타일은 나뉘며, 이 스타일에 맞추어 플라워 디자인의 표현도 달라진다. 개인적인 이벤트는 식음 공간에서 많이 연출이 되고 있으며, 목적에 따라 테이블 화예디자인의 독창성이 부여된다. 기업들의 홍보행사인 브랜드 런칭은 디스플레이와 같은 개념으로 해석될 수 있으며, 하루 동안의 홍보행사로 짧은 시간 안에 소비자에게 어필(appeal)할 수 있어야 한다. 그러므로 행사 공간에서의 특성은 식음공간과 판매 공간의 복합적인 성격을 띠는 것으로도 재해석할 수 있다. 하지만 행사의 특성상 1시간에서 6시간 정도의 제한성으로 다른 공간의 연출과는 달리 화려한 연출이 요구된다. 이러한 점에서 행사 공간 또한 다른 공간과의 연출에서 차이점이 있으며, 이는 테이블 플라워 디자인 연출시 소재의 선택과 규모에도 영향을 끼친다.

식음용 실용 테이블 데코레이션에서의 화예디자인 특성

식음용 실용 테이블 데코레이션				
구 분		상업적 식음공간	행 사	
			상 업 적	비 상 업 적
존재의미		계절감 연출 추구하는 음식의 간접적 표현 레스토랑 컨셉트의 간접적 표현	행사 분위기 up 상품(기업) 이미지 연출	행사 분위기 up 행사 이미지 연출
존재형식	위치적측면	위치 가변적 중앙 집중적 중앙 대칭적	위치 고정적 중앙 집중적(원형 테이블) 중앙 나열(반복)적 (장방형 테이블)	위치 고정적 중앙 집중적(원형 테이블) 중앙 나열(반복)적 (장방형 테이블)
존재형식	형태적측면	사방적 축소지향적 응축적 가동 구조적 비장식적 대면대화 유도적	사방적 확대, 확산 지향적 발산적 비가동 구조적 장식적 정보전달 소구형 대화 유도적	사방적 확대, 확산 지향적 발산적 비가동 구조적 장식적 대면 대화 유도적
표현수법	재료적측면	자연성	자연성 소형 조형물 사용	자연성 소형 조형물 사용
표현수법	색채적측면	단색, 다색 사용 레스토랑의 성격과 관계적	단색, 다색 사용 상품(기업)과 관계적	단색, 다색 사용 행사의 주제 또는 테마와 관계적
표현수법	기법적측면	화기를 이용한 방사 · 수직 기법	수면 띄우기 기법 프로랄 폼을 이용한 방사 기법 구조물에 플로랄 폼을 이용한 방사 기법 커버링 기법	프로랄 폼을 이용한 방사 기법 구조물을 이용한 행잉 기법 구조물에 플로랄 폼을 이용한 방사 기법 커버링 기법 연결 기법

2. 테이블 데코레이션에 있어서 플라워 디자인의 역할

식탁 테이블 데코레이션에서 플라워 디자인은 실내에서 계절감을 느낄 수 있게 하며, 플라워 디자인의 입체감은 식탁 테이블을 생동감 있게 만들어 준다. 또한 일상의 어떤 재료 보다 경제적이고 손쉽게 테이블 전체의 칼라 스케일을 명확하게 하며, 테이블에 사용된 꽃이 가지고 있는 의미나 상징에 의해 테이블의 성격을 알려 준다. 뿐만 아니라 살아있는 식물이 주는 긍정적인 심리 효과는 테이블 공간을 편안하게 만들어 준다.

식탁 테이블 데코레이션에서 제일 중요한 것은 음식을 즐기는 것이므로 위생적이어야 한다. 그러므로 플라워 디자인을 할 때는 꽃의 소재가 직접적으로 음식에 닿지 않도록 하는 것이 바람직하며, 벌레나 기생충이 있는지도 확인해야 한다. 음식은 코와 눈으로도 즐기는 것이므로 향(香)과 색(色)이 강하지 않는 화예 소재 사용이 바람직하다. 향이 강한 소재는 음식의 향을 맡기 어렵게 만들고, 색이 강한 화예 소재는 눈으로 즐길 수 있는 음식을 시야에서 멀게 만든다. 또한 식사에 방해되지 않는 규모로 앉은 사람의 얼굴보다 낮거나 머리를 넘게 디자인하여 시야를 가리지 않게 디자인하여야 한다.

3. 테이블 플라워 디자인의 역사(History of Table Flower Design)

플라워 디자인은 주로 서양에서 발달하였다. 일찍이 고대 이집트 시대 때부터 시작되어, 서양 각국의 역사적 · 시대적 배경과 밀접한 관련을 지어왔다. 특히 그 나라의 관습 및 종교외식에 따라 여러 가지 모양과 유행이 생겨났으며, 건축 양식이나 가구 제품에서 많은 영향을 받았다.

고대 이집트에서는 꽃을 연회 때 테이블에 놓아서 다른 이들을 숭상하는 용도로 이용되었다. 빨강 · 노랑 · 파랑을 주로 사용하며, 꽃과 과일들을 조심스럽게 교체되는 패턴으로 놓아서 조직적인 효과를 보여주고 있다. 그리스 · 로마에서는 축제나 연회기간 동안 장미꽃과 꽃잎들을 연회 테이블, 심지어는 길거리, 호수 위에 흩뿌렸다. 왕족, 귀족들의 테이블에 향기로운 꽃을 뿌렸던 행위는 장식의 목적이라기보다는 훈제, 소금 절임 등으로 보존된 상태로 테이블 위에 올라오는 육류의 불쾌한 냄새를 제거하기 위한 것이라고 한다. 중세 시대에는 야생화와 재배화가 일상생활에서 음식 · 음료 · 약재로 아주 중요하게 이용되었다.

중세 양식 재현

르네상스 시대에는 꽃들을 화기 안에 잘 정돈하고 줄기를 가림으로써 무리지고 대칭적인 원추형을 이루었다. 꽃들을 보통 꽉 들어차게 꽂지만 여러 가지 밝은 색과 형을 사용하였다. 리스(wreath)나 갈런드(garland)를 만드는 작업은 이 시기에도 계속되었다. 플라워 디자인은 고전적인 그리스와 로마 양식의 패턴을 단순화한 것으로 긴 가지(화병 길이의 3배정도)를 수직으로 꽂고, 조금 짧은 가지를 왼쪽에 하나 더 꽂아 균형을 이루며 긴 가지 하나를 사선으로 기울여 꽂았다. 용기로는 바닥과 몸통 · 목 · 손잡이의 형이 잘 잡혀 있는 금속 용기를 많이 사용하였다.

르네상스 양식 재현

카트린느 메디치의 식탁 재현, 르네상스 양식

바로크 시대의 어레인지먼트는 크고 웅장하며 화려한 꽃꽂이로, 매우 조밀하면서도 색의 농도가 다양하여 호화로운 실내와 웅장한 거실 등에 잘 어울렸다. 대칭적이면서 타원형의 디자인을 사용하기 시작하였으며, 후에 비대칭적인 곡선이 S자형이나 초승달형에도 쓰이게 되었다. S자형은 영국의 예술가인 윌리엄 호가스(Willam Hogarth)의 이름을 따서 호가스 곡선이라고도 불렀다. S커브와 크레슨트 어레인지먼트는 이 시기에 발달되어 오늘까지 유행하고 있다. 풍부한 꽃과 컬러의 유형이 함께 사용되었고, 피겨린(figurine, 작은 조각)이나 나비 등과 같은 다양한 액세서리들이 어레인지먼트에 함께 사용되었다. 17세기가 되면서 용기들은 모양도 더욱 다양해지고, 소재도 유리 제품 · 테라코타 · 자기 등이 선보이게 되었다. 푸른색과 흰색의 중국산 자기가 수입된 후 델프라고 알려지게 된 보다 값싼 용기를 발전시키게 되었다. 18세기 후반의 예술가들은 깊이와 질감 · 형 · 선 · 색채를 포함한 여러 전통적인 디자인 요소들을 강조했다. 대칭적이고 타원형을 이루는 플라워 어레인지먼트의 형태가 점차로 부드럽고 비대칭적인 삼각형 구도로 변하게 되었다.

바로크 양식 재현

오렌지 나무, 꽃, 큰 촛대,장식장(buffet) 접시가 진열되어 있다.
이탈리아, 1711

보통 부채꼴 모양을 하고 무리진 양식을 보이는 로코코의 플라워 어레인지먼트는 실내 장식에서 장식적인 악센트를 주는 데에 주로 사용되었다. 보통 방사형의 줄기들을 가지고 전반적으로 부채꼴이나 삼각형 모양을 이루는 것으로 묘사되었다. 전 시대의 무거운 양식에서 벗어나, 선이 가늘고 세련되기 시작하였다. 선의 움직임이 분수처럼 뿜어 올랐다가 다시 떨어져 내려오는 느낌이 든다. 구도는 전 시대처럼 정중하지는 않지만, 균형과 좌우 대칭성의 엄격한 법칙에 따른 것이 특징이라 할 수 있다. 그랜드 시대에도 여러 가지 용기들이 유행하였다. 일반적으로 화기들은 상당히 화려하고 우아함과 심미안적인 과장성을 보인다. 컬러니얼 양식의 전형적인 플로랄 어레인지먼트는 무리지고 둥그렇거나 부채꼴 모양의 부케로 캐주얼하고 개방적이면서 소박한 것이었다. 과일과 꽃은 보통 식당테이블 주위에 센터피스로 놓여졌다.

로코코 양식 재현

인도 왕자들의 담화를 그린 구아슈(gouache), 18세기

덴마크 왕실, 1770

신고전주의의 플라워 어레인지먼트 양식은 영국의 지배를 타파하려는 모습을 지닌 정확하면서 신고전적인 양식을 반영하게 되었으며 종종 피라미드형이나 부채꼴 모양으로 프랑스 디자인 양식의 영향을 받은 것이었다. 이 시대에는 장미를 선호했으며, 제라늄과 옆에 길게 늘어진 아이비도 자주 이용하였다. 직립한 화형의 아우트라인(outline)은 조금도 흐트러지지 않고 잘 정리되어 대칭적(symmetric)으로 장식된 실내에만 놓을 수 있었으며, 주위의 장식보다도 더 돋보였다. 피라미드형의 화형은 제정시대의 엄격한 양식을 나타내었다. 낭만주의 시대의 화형은 어떤 명확한 계획이 없는 구도로서 뜰이나 들판의 여러 가지 꽃을 화병 속에 무질서하게 꽂아 놓은 것같이 보이며, 어떤 실내 장식에도 잘 어울리는 형이다.

신고전주의 양식 재현

신고전주의 양식 재현

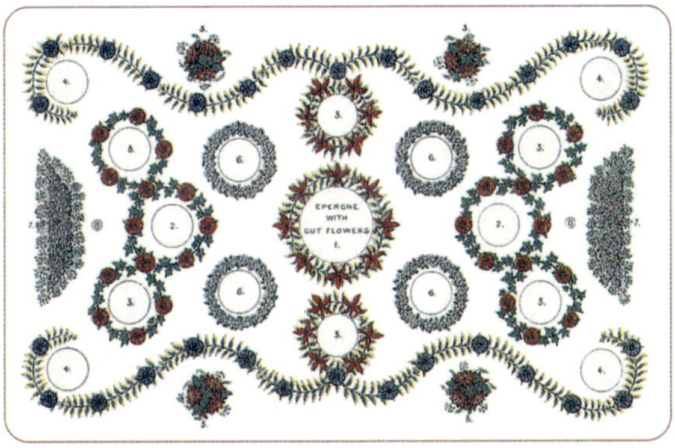

아침식사를 위한 정원 꽃의 연출, 1877

빅토리아 시대의 장식용 은쟁반(epergne)이 과일과 꽃을 담아두는 용도로 인기가 있었다. 가장 유행했던 종류는 키가 큰 꽃을 꽂아 두는 트럼펫형으로 아랫부분의 그릇에다가는 과일이나 키가 작고 넓게 펴지는 꽃을 담아 두었다. 플라워 어레인지먼트는 빈 공간이 거의 없이 꽃과 잎, 목초를 함께 커다랗게 뭉뚱그려 둥그렇거나 타원형으로 만들었으며, 짧은 줄기의 꽃들을 일반적으로 화기 안에 꽉 묶어서 꽂아 두었다.

엘리자베스 황비의 식탁 재현, 빅토리아 양식

빅토리아 양식 재현

아르누보의 화기들은 서로 다른 소재와 모양으로 만들어졌지만 모두 다 곡선에서 영감을 받은 형이었다. 이러한 장식적인 화기들의 양식을 강조하기 위해서 플로랄 부케도 곡선과 비대칭형을 이루면서 보다 자연스럽고 율동감이 살고 우아한 모습을 보이게 되었다.

현대적인 아르데코 양식은 강하고 가늘게 구불거리는 것, 기하학적인 선과 형, 패턴을 특징으로 하며, 지그재그형과 피라미드형, 구름 사이로 해가 비추는 듯한 형태를 보여준다.

아르누보 양식 재현

아르누보

꽃과 갈란드(garland)[1]는 17세기말의 식탁을 장식하는데 중요한 역할을 했다. 설탕 절임 과일, 사탕과자를 장식하기 위한 신선한 꽃과 설탕을 넣은 꽃들은 디저트 테이블에서 주목할 만한 역할을 했다. 꽃과 갈란드는 또한 접시와 찬장의 식기를 장식하는데 사용되었다. 이것은 테이블을 장식하는 르네상스의 전통으로 여흥의 일부였다. 18세기 중반에는 은 또는 자기로 만들어진 센터피스가 식탁 중심에 놓여졌는데, 이는 테이블에서 신선한 꽃 냄새를 맡는 것을 싫어하여 조화가 매우 인기 있었다. 19세기 초 꽃의 경작에 극적인 증가는 사회적 스펙트럼, 원예학, 식물원과 원예 정기 간행물의 번영을 가져왔다. 이 같은 상황에서 짧게 자른 꽃들은 테이블을 장식하는데 중요하게 되었다.

마리아 테레시아의 식탁재현, 로코코 양식

19세기

1. 꽃과 잎, 열매, 리본 등을 엮어 만든 긴 꽃줄을 말한다. 그 꽃줄로 화관을 만들기도 하고, 테이블이나 기둥 또는 기둥과 기둥 사이, 벽난로 등을 장식하기도 한다. 페스툰(festoon)이라고도 한다.

과일과 야채도 플라워 디자인에 있어서 중요한 소재가 되기도 했는데, 특히 고대 로마와 르네상스 시대에 테이블 위를 장식하는 것을 즐겼다. 과일이나 야채처럼 먹는 것이 장식적으로 사용되는 것은 단순히 계절감과 색채를 연출하는 것뿐만 아니라 식욕을 돋우는 역할 하였다.

뷔페, 17-18세기 재현

능행도, 조선시내, 창덕궁 소장

우리나라에서도 식공간에 꽃이 등장하고 있는데 기록에 의하면 고려시대 궁중에서 꽃과 꽃 예술은 상당히 보편적인 것으로 궁중연회의 장식용으로 사용되었다고 한다. 조선시대 인정전에서 거행된 궁중연회의 그림이나 능행도에서 꽃을 장식하기 위한 화탁(花托)과 관녀(官女)의 머리에 사권화(絲圈花)와 조화로 만든 모란이나 준화, 기둥에 매단 꽃들과 각 상 위에 꽂힌 일지화(一枝花)와 쌓아놓은 음식 위를 장식한 수파련을 볼 수 있다. 민간의 큰 잔치에 차려지는 큰상이나 부모님의 생신 때, 회갑이나 결혼기념일인 은혼식이나 금혼식 특히 회혼식의 상에는 화병의 받침과 함께 꽃꽂이 작품이 배열되었으며, 쌓아올린 음식 위에 조화를 꽂기도 하였다.

우리나라의 테이블 데코레이션에서 꽃의 활용은 조선시대의 궁중 행사의 장면을 그린 기록화와 민간 행사를 그린 기록화에서 그 유래를 찾아볼 수 있다. 조선시대 궁중 행사의 음식상에서 화예디자인을 볼 수 있는 기록화로는 선묘조제재경수연도(宣廟朝諸宰慶壽宴圖, 1767), 무신진찬도(戊申進饌圖, 1848), 한일통상조약연회도(韓日通商條約宴會圖, 1883), 임인진연도(壬寅進宴圖, 1902), 인정전진찬도(仁政殿進饌圖, 19C) 등이 있다. 민간행사에서 볼 수 있는 기록화로는 회혼례도(回婚禮圖, 17C), 신랑연석화(新郎宴席畵, 조선시대), 신부연석화(新婦宴席畵, 조선시대), 평안감사의 부벽루 연회 도본(浮碧樓 宴會圖本, 조선시대) 등이 있다.

선묘조제재경수연도, 장서각 소장

무신진찬도, 국립전주박물관 소장

한일통상조약연회도, 숭실대학교 소장

임인진연도, 국립국악원 소장

인정전진찬도, 창덕궁 소장

회혼례도, 국립중앙박물관 소장

신랑연석화, 온양민속박물관 소장

신부연석화, 온양민속박물관 소장

평안감사의 부벽루 연회 도본, 김홍도

1889년 조선시대 궁중의 잔치인 진찬(進饌)[2]의 의식을 그려놓은 진찬의궤(進饌儀軌)에는 어좌 앞의 전정(前庭) 좌우에 산화탁 두 개가 놓여 있고, 화준(花樽)[3], 화호(花壺)[4], 지당판(池塘板)[5]이 곳곳에 배치되어 있다. 진찬에 바쳐지는 상화(床花)[6]의 종류로는 삼층대수파련(三層大水波蓮)[7], 이층중수파련(二層中水波蓮), 일층소수파련(一層小水波連), 홍도삼지화(紅桃三枝花), 홍도이지화(紅桃二枝花), 삼색(三色)홍도화(紅桃花), 홍도별건화(紅桃別建花), 홍도건화(紅桃建花), 월계화(月桂花), 모란화(牧丹花) 등이 있다. 이들은 대개 지당판의 연봉(連峰) 주위를 장식하거나 임금의 찬탁 또는 산화탁, 화준 등에 장식하였다.

화 준

일층소수파련

이층중수파련

삼층대수파련

2. 조선시대 궁중 안에서 경사가 있을 때 열던 잔치이다. 진연(進宴)보다 규모가 작고 의식이 간소하다.
3. 조선 시대 나라의 잔치 때 생화 혹은 가화(假花, 조화)를 꽂은 꽃 항아리이다. 꽃은 높이 세워 꽂는데 자영 묘사적, 좌우 대칭의 표현을 하였다.
4. 꽃을 꽂는 큰 항아리
5. 궁중 잔치 때 쓰는 기구 중 하나이다. 침상 비슷한 모양의 널빤지를 채색으로 꾸미고, 연꽃과 연잎을 꽂고 꽃병 7개에 종이로 만든 전주모란(全株牡丹)을 세운다. 행사에 따라 앞에 막대기를 꽂고 칠보등롱을 세우며 양쪽에 큰 연화통을 세우기도 하였다.
6. 조선 시대 잔칫상에 음식을 괴고 그 위에 꽃을 꽂거나 주변을 장식하는 것을 말한다.
7. 수파련(水波蓮)은 조선시대 잔칫상에 괴어 올린 음식 위에 꽂는 종이로 만든 연꽃이다.

홍도삼지화

홍도이지화

홍도별건화

홍도건화

월계화

모란화

4. 센터피스 디자인(Centerpiece Design)

식탁 중앙의 퍼블릭 스페이스(public space)에 장식하는 물건이나 꽃을 총칭하여 센터피스(centerpiece)라 부르며, 프랑스어로는 미류 드 타블(milieu de table)로 비교적 큰 형태의 장식을 지칭한다. 뷔페 테이블 중앙에 장식물로 놓이는 케이크, 과일용 은제 바스켓, 얼음조각 등도 이에 속한다.

센터피스는 유럽의 왕족, 귀족 혹은 지역 권력자들이 권력과 부를 암시하는 것으로, 많은 사람을 초대한 식사에 초대하면서 고가의 식기류와 장식품을 테이블 위에 놓게 된 것이 관습으로 남아있게 된 것이다. 음식과는 상관이 없지만 식욕을 돋워주고 식탁의 분위기를 연출하는 역할을 한다.

센터피스를 준비할 때 '누구를 위한' '무엇을 위한' 테이블인가를 고려해 예의에 어긋나지 않게 자신만의 감각을 발휘하는 것이 중요하다. 소재는 그 계절의 느낌을 살릴 수 있어야 하며, 일정한 높이보다는 높낮이를 줌으로써 역동감을 주는 것이 좋다. 센터피스에는 생화가 가장 좋으며 과일, 야채 등의 자연 소재뿐만 아니라 아름다운 유리 제품이나 자기로 만든 꽃, 인형, 동물, 물고기, 새 모양의 장식품 등 인공 소재를 이용할 수 있다. 예를 들어 부활절에는 달걀을, 추수 감사절에는 호박을 사용하면 식탁의 주제와 계절감이 강조된다. 패션과 마찬가지로 계절을 약간 앞선 꽃을 장식하는 것이 센스 있어 보인다. 여기에서 중요한 것은 청결하고 깨끗함을 나타내는 것으로 준비하는 것이다. 꽃은 향기가 너무 진한 종류나 아주 작은 잎이 떨어지기 쉬운 것, 좋지 않은 것을 나타내는 의미의 꽃은 피하도록 한다. 꽃의 향기가 너무 진하면 음식의 냄새가 가려지고 너무 화려해도 음식이 초라해 보이므로 그 날 사용하는 그릇이나 음식의 종류도 고려해서 꽃의 종류를 정해야 한다. 아침 식탁을 위한 센터피스로는 허브나 채소 등을 사용하는 게 무난하다. 중앙의 꽃병으로부터 내려온 가지 끝을 테이블클로스에 닿도록 하여 우아함을 연출하거나 직접 테이블클로스에 꽃이나 잎을 놓기도 하여 엘레강스한 분위기를 만들기도 한다.

테이블에 꽃을 장식할 때 가장 중요한 점은 식탁에 앉은 사람들이 어느 각도에서나 아름답게 볼 수 있도록 꽂아야 한다. 꽃의 크기는 테이블 크기의 1/9 정도의 크기가 적당하며, 의자에 앉았을 때 꽃이 대화에 방해가 되지 않도록 높이는 25cm를 넘지 않아야 한다. 분위기를 보다 화려하게 하기 위해 예외적으로 높게 꽂기도 한다.

센터피스의 형태는 탁자의 형태에 따라서 달라질 수 있으나 일반적으로 원형의 식탁 꽃꽂이(all-round table arrangement)가 가장 많이 선택된다. 꽃의 색상은 주제의 특별한 동기가 반영된 색을 따르거나 테이블클로스, 냅킨, 식기의 색상과 조화시키는 것이 효과적이다. 장식의 규모는 테이블의 크기, 앉을 사람의 수, 식사의 종류에 따라 영향을 받게 되며 식기에 닿거나 식사를 방해하지 않는 규모여야 한다. 만약 장식에 초를 사용하는 경우에는 움직이지 않도록 든든히 고정하여야 하며 촛불의 안전성으로 고려하여 모든 면을 세심히 계획, 점검하여야 한다.

테이블의 중앙에 위치하는 꽃 장식은 어느 방향에서 보아도 균형적이어야 한다. 사방화에는 반구형(dome design), 둥근형(round design), 구형(ball design), 원뿔형(corn design), 사각뿔형(pyramid design), 수평형(horizontal design), 다이아몬드형(diamond design), 토피어리형(topiary design)이 있다.

■반구형(dome design)

돔형은 반원의 구형(球形)으로 구성하는 어레인지먼트로 둥근 원을 반으로 나눈 형이다. 모든 방향에서 볼 수 있도록 디자인되기 때문에 포컬 포인트를 가지고 있지 않으며, 디자인은 조밀하고 가볍고 경쾌하다. 모든 줄기들은 디자인의 중앙에서부터 방사상으로 돔형을 이룬다. 간결하고 실용적인 형으로 어떤 장소에나 부담 없이 이용할 수 있는 형이다.

꽃은 어레인지먼트를 통해 고르게 분배되어야 하므로 라인 플라워는 사용하지 않으며, 주로 카네이션 · 장미 · 튤립 · 국화 · 스타티스 · 안개와 같은 매스와 필러 플라워를 사용한다. 화기는 일반적으로 낮고, 둥근 화기를 사용한다.

■둥근형(round design)

모든 줄기들이 한 점으로부터 사방으로 뻗어 나가는 형으로 이 점은 화기의 맨 위 중앙에 위치한다. 둥근형은 결합점을 중심으로 양쪽에 동일한 시각적 비중을 두어 앞뒤의 구분이 없기 때문에 다른 유형보다 다양함이 요구되고 장소에 구애받지 않고 놓아둘 수 있다. 단조로움의 가능성을 피하고 싶다면 주로 사용하는 꽃의 형태와 확연히 대조를 이루는 잎들을 함께 사용하도록 한다.

반구형

둥근형

■구형(ball design)

구형(球形)은 공처럼 둥근형으로서 시각상의 초점(focal point)을 가장 아름다운 꽃으로 하여 둥근형이 되도록 잎 소재와 함께 마무리한다.

■원뿔형(corn design)

원뿔형 디자인은 잎줄기를 원뿔형의 나무를 닮도록 용기에 배열하였고, 꽃과 과일을 종종 어레인지먼트의 밑에서부터 꼭대기까지 나선형으로 배열하였다. 둥근형이지만 피라미드와 형태가 비슷한 입체적인 수직 이등변삼각형이라고 할 수 있다.

이 유형은 컬러풀한 꽃을 빽빽히 배치하고 과일이나 야채 등을 가미하였던 디자인으로 주로 교회 장식이나 넓은 실내용 장식에 사용되고 있다. 테이블 센터피스로 사용될 경우에는 낮고 둥근 용기가 사용된다.

구형

원뿔형

■사각뿔형(pyramid design)

삼각형을 입체감 있게 구성한 형으로 포 포인트(four point) 또는 Y-shape라고도 부른다. 원래 피라미드는 사각추인데 플라워 디자인에서 어레인징(arranging)하는 경우 디자인의 끝 부분을 뾰족하게 솟아오르게 하여 보기 좋은 라인의 삼각추로 만든다. 화기는 높이가 30cm이상 되는 슬림(slim)형의 용기가 잘 어울린다.

여러 가지 꽃이나 과일 · 야채 등을 가득히 디자인하여 교회 장식이나 파티 등에 사용되고 있으며, 라인을 연장함으로써 상당히 넓은 공간을 메울 수도 있어서 넓은 회의장 같은 곳에 적합한 패턴이다.

■수평형(horizontal design)

수평선을 강조하는 디자인으로 테이블 위나 다른 평평한 표면과 수평을 이루도록 연출하게 된다. 수평선으로 편안하고, 안정된 느낌을 표현할 수 있다. 이 디자인은 보통 대칭적이고, 올 사이드와 원 사이드로 모두 만들 수 있다. 기는 컴포트 형이나 높이가 있는 것으로 가능한 한 우아한 이미지를 가진 것이 좋다. 소재로는 줄기가 부드러운 곡선을 나타내기 쉬운 스위트피나 온시디움 등과 같은 라인 플라워를 선택하는 것이 좋다.

어느 방향에서 보아도 좋기 때문에 크기에 따라 리빙룸 · 식탁 테이블 · 사이드 테이블 · 장식장 등 부드러운 분위기가 필요할 때 적합한 형이다.

■ 다이아몬드형(diamond design)

테이블 어레인지먼트에서 가장 많이 사용되는 형이다. 마름모꼴 형태로 만드는 직선적인 구성의 어레인지먼트로 중심 길이가 높아지면 삼각형이 되고, 길이 차이가 완만해지면 수평형이 되므로 정확하게 마름모꼴이 되도록 하여야 한다.

기본형의 다이아몬드를 만들 경우 화기는 대부분 가려지므로 화기에 신경 쓸 필요 없이 물의 보급이 가능한 것을 기준으로 한다. 소재는 라인 플라워, 매스 플라워, 필러 플라워를 기본으로 생각하는 것이 좋다.

■ 토피어리형(topiary design)

정원수의 가지를 구형(球形)으로 가지치기 한 것과 같이 소재를 볼이나 콘 모양으로 잘 다듬어 굵은 줄기 위에 장식하여 자라고 있는 식물을 표현한 것이다.

토피어리에 쓰이는 소재로는 신선한 꽃이나 잎 · 과일이나 야채를 사용하며, 여러 가지 드라이 플라워 소재로 구형을 세련되게 디자인하거나 불규칙적으로 꽂아 순수한 자연미를 돋보이게 하기도 한다. 화기로는 점토단지나 적색 나무통, 도자기, 금속성 용기 등 어레인지먼트와 어울리는 여러 가지 용기를 사용할 수 있다.

사각뿔형

수평형

다이아몬드형

토피어리형

5. 테이블과 센터피스

테이블 위에 장식하는 꽃들은 어느 방향에서 보아도 균형 잡힌 디자인이어야 하며, 대면형(對面形) 테이블이라면 테이블에 앉아 있는 사람의 시계(視界)를 방해하지 않도록 눈높이의 아래나 그 위가 적당하다. 센터피스의 규모는 테이블의 크기, 앉을 사람의 수, 식사의 종류에 따라 영향을 받게 되며, 식기에 닿거나 식사를 방해하지 않는 규모이어야 한다. 이와 같이 테이블에 따른 센터피스 형태를 결정하기 위해서 파티 테이블의 종류를 알아보면,

파티는 참석자 전원이 식탁에 앉아서 요리순서에 따라 제공되는 식사를 접객원이 운반하여 서비스하는 좌식 형식과 돌아다니면서 음식을 먹는 입식 형식으로 나뉜다. 전자는 테이블 서비스 파티(table service party) 또는 디너 파티(dinner party)라고 하며, 후자는 뷔페 파티(buffet party) 또는 리셉션 파티(reception party), 칵테일 파티(cocktail party), 댄스 파티(dance party), 가든 파티(garden party), 티 파티(tea party) 등 여러 종류가 있다.

파티의 종류를 세부적으로 살펴보면 다음과 같다.

1) 테이블 서비스 파티(table service party, dinner party)

테이블 서비스 파티는 가장 형식적인 연회로서 그 경비도 많을 뿐만 아니라 사교 상 어떤 중요한 목적이 있을 때 개최되는 것이다. 유럽 쪽에서의 디너 파티라면 의례 예복을 입고 참석한다. 서비스의 식음료 종류에 따라 예정대로 서비스가 진행되며, 식탁의 배열은 식당이나 연회장의 넓이, 착석자 수, 그리고 연회의 목적에 따라 여러 가지 스타일로 연출한다.

2) 뷔페 파티(buffet party)

파티 중 가장 다양하고 쉽게 할 수 있는 파티이다. 뷔페는 단지 샌드위치와 한입거리(finger) 음식을 뜻할 수도 있으며, 조리사들이 정성 들여 만든 여러 코스와 실속 있는 식

사를 뜻하기도 한다. 뷔페 파티는 일정한 식탁에 의해 정찬의 순서와 같이 뷔페 라인의 찬 음식, 더운 음식, 후식 등 순서에 따라 진열하여 손님이 직접 필요한 양만큼 셀프 서비스(self service)하는 파티이다.

3) 리셉션 파티(reception party)

원칙적으로 국가적 행사나 공공기관, 또는 회사가 목적을 가지고 손님을 초대하여 베푸는 공적인 파티를 말한다. 사적인 파티는 결혼 피로연을 제외하고 리셉션이라고 부르지 않는다. 리셉션은 만찬에 들어가기 전에 미리 별실에서 다과와 함께, 주인과 초청된 손님들 간에 인사를 겸하는 리셉션과, 그 자체가 한 행사인 리셉션으로 나뉜다.

4) 칵테일 파티(cocktail party)

칵테일 파티는 그 규모가 5~6명에서부터 수백 명을 초대하는 규모의 연회에 이르기까지 그 형식이 다양한 입식연회이다. 가장 많이 행해지는 파티로 부담을 주지 않고 형식에 얽매이지 않는 파티로 여러 가지 주류와 음료, 오르되브르(hors-d'oeuvre)를 곁들인다. 식사 중간, 특히 오후 저녁식사 전에 베풀어지는 경우가 많다.

5) 티 파티(tea party)

영국에서 유래된 여성들의 사교모임으로 브레이크 타임(break time)에 간단하게 개최되는 것을 티 파티라 한다. 홍차를 비롯한 각종 차와 간단한 쿠키, 케이크, 과일 등이 주메뉴를 이룬다. 티 파티를 준비할 때 가장 신경 써야 할 것은 다양한 음식보다는 테이블클로스와 냅킨, 찻잔, 식기 등 테이블 세팅이다. 음식 자체보다는 분위기를 즐기는 것이므로 모임의 성격이나 계절에 따라 잘 어울리는 것으로 준비하는 것이 좋다.

6) 가든 파티(garden party)

쾌적하고 좋은 날씨를 택하여 정원이나 경치가 좋은 야외에서 하는 파티를 말한다. 가든 파티는 다른 형식의 옥외파티와는 달리 평상복이 아니라 정장차림으로 참석한다. 보통 오후에 열리므로 관습적으로 차(tea)와 함께 싱싱한 레몬이나 오렌지 스쿼시를 음료로 준비한다. 뿐만 아니라 알코올이 함유되어 있지 않는 다른 차가운 음료도 포함시켜 서브할 수 있다. 식탁이나 의자를 준비하지 않으므로 스탠딩 뷔페에 해당되고, 식단은 뷔페에 준하여 낸다.

다음은 테이블의 형태와 인원수에 따른 꽃과 촛대의 위치를 표시하였다. 일인당의 폭은 약 60cm 정도로 설정하였다.

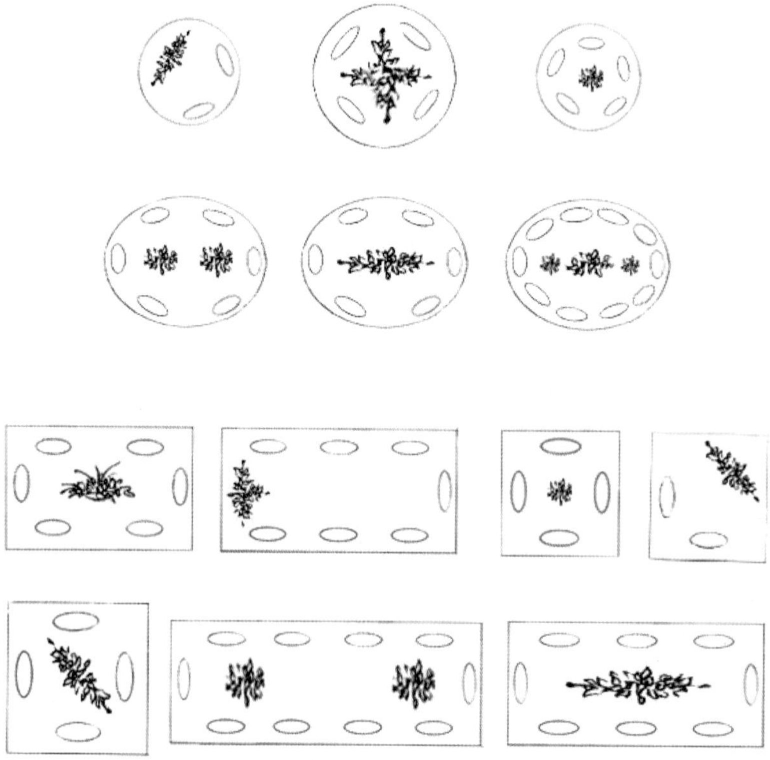

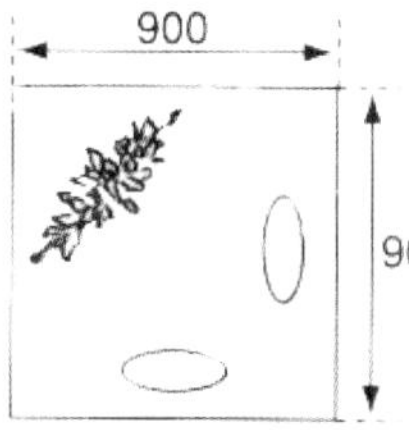

(2인)

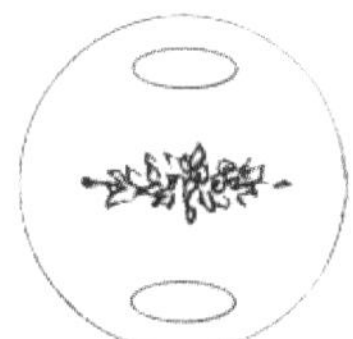

(2인)

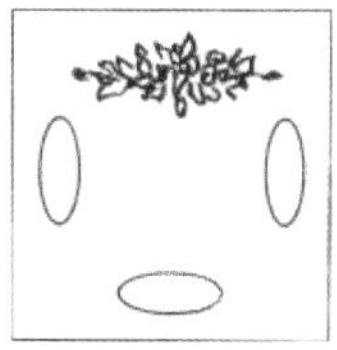

(3인)

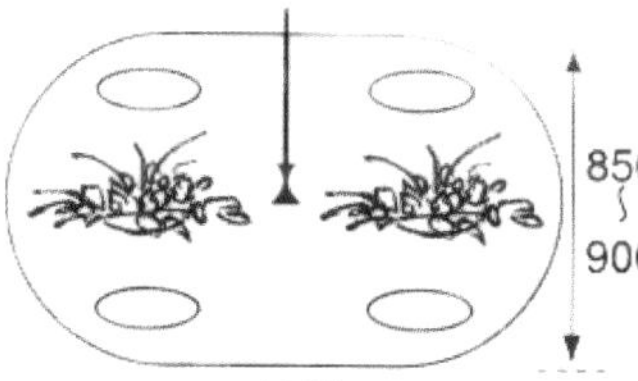

(4인)

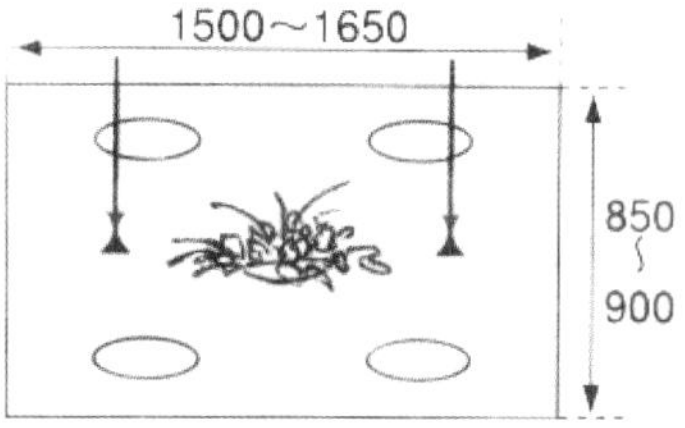

(4인)

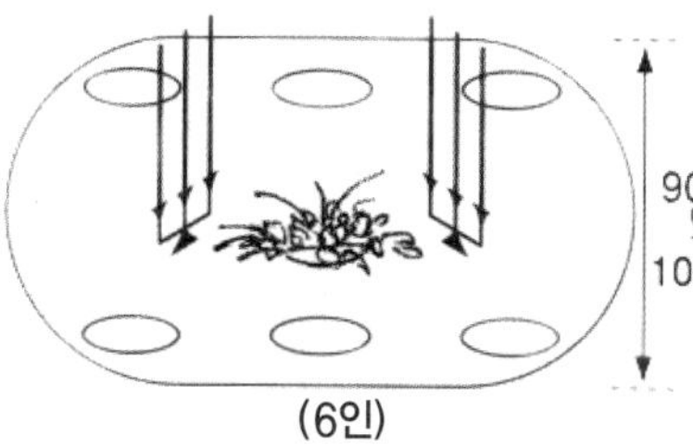

(6인)

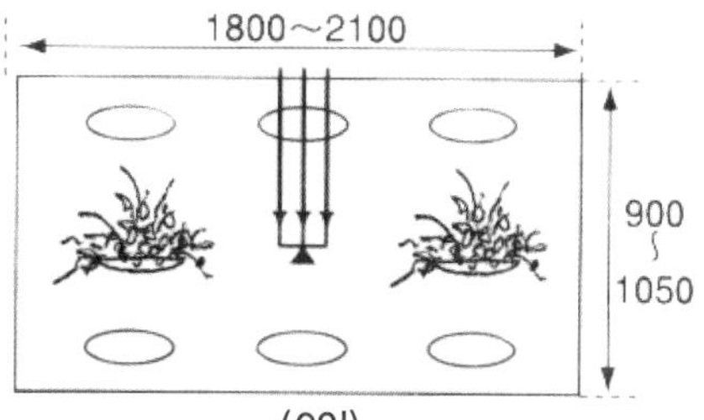

(6인)

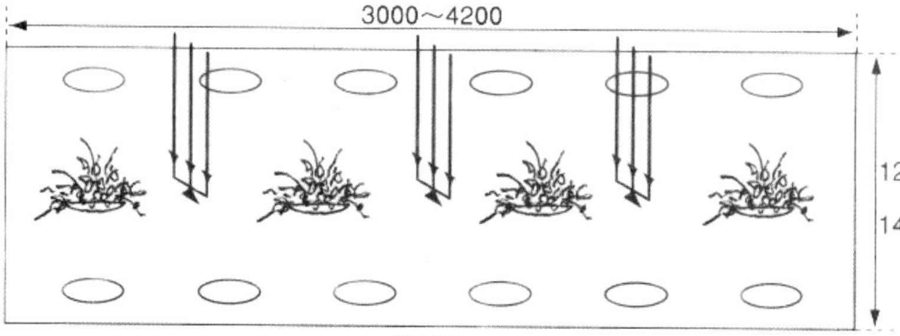

(12인)

센터피스의 규모

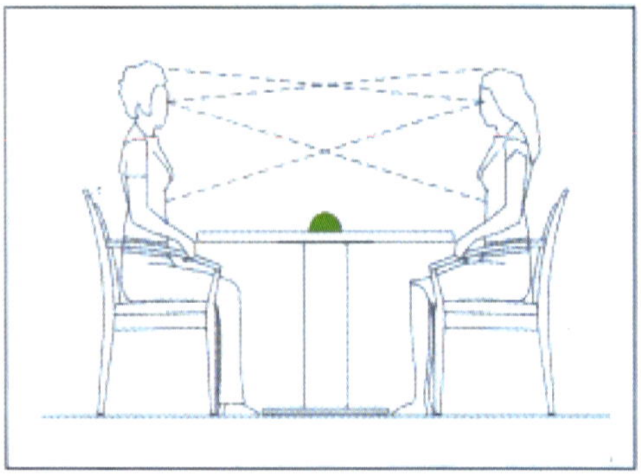

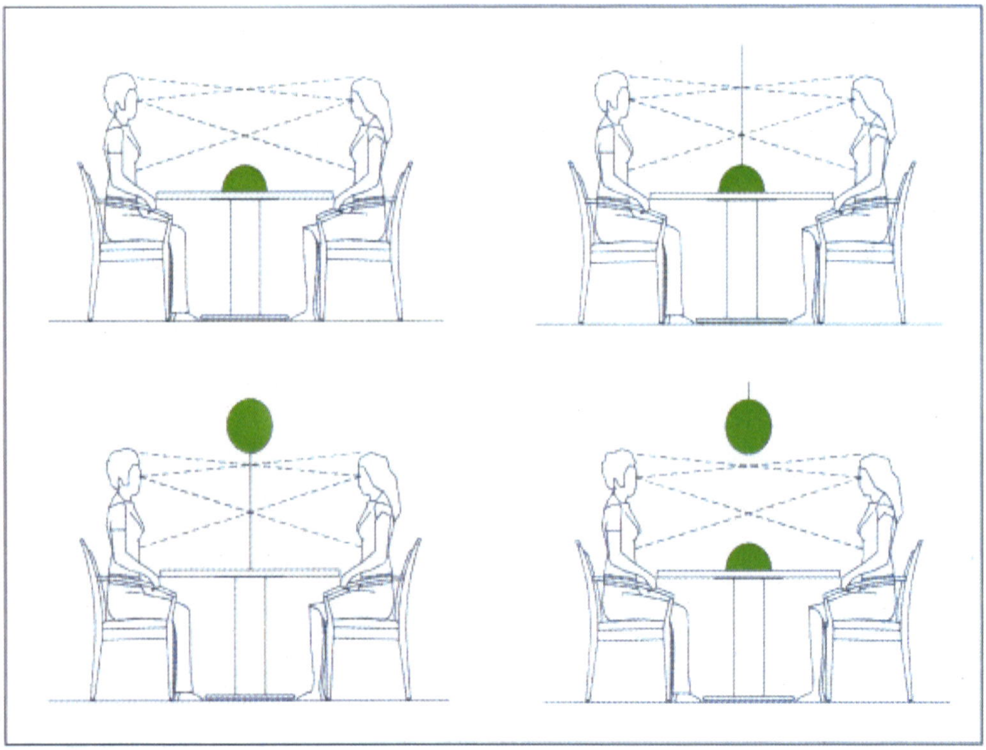

6. 리셉션 데코레이션(Reception Decoration)

리셉션은 파티가 끝나고 친구들과 가족들이 축하하는 아주 즐거운 시간으로 케이크와 펀치로 단순하게 벌이거나 혹은 형식적인 디너와 춤으로 조금 더 형식적인 분위기를 자아낼 수 있다. 간단한 리셉션에서는 보통 케이크에 꽃만 놓으며, 형식적인 디너 리셉션에서는 꽃 장식으로 늘어놓아서 축하장을 아름답고 즐거운 분위기가 가득 차도록 만든다. 리셉션의 크기와는 상관없이 플로리스트는 꽃과 색의 테마를 파티성격에 맞추어 표현해야 한다. 이렇게 꽃 테마와 색채 구도를 통일시키면 전체적인 상황에서 시각적인 통일감과 기억에 오래 남는 인상을 심어줄 수 있다.

리셉션 데코레이션
Reception Decoration

1. 주빈 테이블(Head Table)

앉아서 점식 식사나 저녁식사를 할 때에 주인공을 위하여 따로 만든 테이블을 헤드 테이블(head table)이라고 연회장에서 주빈 식탁은 길이가 긴 직사각형으로 하객을 향하며 일렬로 앉게 된다. 주빈 식탁의 꽃 장식은 중심에 위치하게 되며, 길고 폭이 좁은 형태를 취한다. 장식의 높이는 하객이 주빈을 바라볼 수 있도록 얼굴을 가리지 않는 낮은 형태로 중심의 기점에서 양끝으로 갈수록 낮아지는 대칭 형태가 전통적이다.

테이블클로스(tablecloth)의 옆면은 갈런드 장식과 작은 꽃이나 코사지를 실로 꿰매어 장식할 수 있다. 반드시 테이블클로스를 압정과 같은 핀으로 잘 고정하여 장식의 무게로 인해 테이블클로스가 쏠려 내리는 것을 예방하여야 한다. 이러한 전통적인 장식 외에도 연회장의 분위기가 현대적인 경우에는 낮은 높이의 수직 평행형으로 장식할 수 있다. 특히 하객의 식탁도 같은 직사각형일 경우에는 같은 디자인을 적용하면 통일감을 조성하여 효과적이다.

2. 하객 테이블(Guest Table)

하객을 위한 식탁의 형태는 대개 둥근 원형이거나 직사각형이다. 이러한 식탁에서는 그 형태에 따라 꽃 장식의 화형이 선택되어야 하며, 이는 전체적인 실내 분위기와 주빈의 식탁 디자인과도 조화로워야 한다. 장식은 식사에 방해가 되지 않는 규모로서 앉은 사람의 시야를 가리지 않아야 하므로 앉은 사람의 얼굴보다 낮은 높이나, 혹은 아예 머리를 넘는 높은 높이가 좋다.

높이가 있는 철제 스탠드용 화기를 사용하여 장식하면 탁상의 면적을 점유하지 않고 공간을 장식할 수 있어 매우 독특한 축제 분위기를 연출할 수 있으나, 화기를 안전하게 고정시켜야 함을 유념하여야 한다. 또한 초를 함께 디자인하거나 촛대를 장식할 경우에는 안전성을 고려하여 세심하게 계획되어야 한다.

3. 케이크 장식(Cake Decoration)

리셉션 장식에서 가장 중요한 웨딩 케이크는 크기나 모양에 따라 꽃의 스타일과 양을 결정하게 된다. 케이크는 대개 여러 층으로 쌓아올려져 있고 꽃 장식은 사방이 둥근 원뿔 모양으로 상단에 장식하는 것이 전통적이나, 근래에는 낮은 형태로서 상단에서 하단으로 연결하는 등 다양하게 변화하고 있다. 꽃 장식을 케이크 단 사이사이를 장식하여 전체 케이크를 통일하고 강조할 수도 있다. 폭과 높이를 포함하는 꽃 장식의 규모는 케이크의 높이와 직경이 결정적인 요소로 작용한다.

장식의 색상은 케이크에 슈거(sugar) 꽃 장식이 있는지, 있다면 어떠한 색상인지를 먼저 파악하여야 한다. 또한 케이크 테이블클로스와 커튼 등의 환경색을 고려하여 결정하여야 한다. 이때 케이크와 가장 근접해 있는 주조색과 연결하는 것이 효과적이다. 완성된 장식은 높이가 있는 곳에 위치하게 되므로 균형감이 매우 중요하다. 또한 음식을 장식하는 것이므로 재료들은 단정하고 청결한 것을 사용한다. 꽃은 케이크 단 · 종이 냅킨 · 플라스틱 구분지 등의 사이에 느슨하게 나열해서 꽃을 케이크에 들러붙지 않도록 한다. 케이크의 바닥은 꽃과 잎 갈런드로 장식한다. 케이크 나이프와 그 밖의 도구도 꽃과 리본으로 장식하기도 한다. 케이크 꼭대기는 흔히 레이스로 만든 홀더를 이용해서 장식한다.

4. 펀치와 샴페인 테이블(Punch & Champagne Table)

펀치 및 샴페인 테이블은 간단하게 꽃과 잎으로 장식한다. 다만 커다란 테이블에는 플라워 어레인지먼트를 장식할 수도 있다. 샴페인 파운틴(fountain)이 사용되면 파운틴은 일반적으로 꽃을 지탱하기 위해서 특별히 꼭대기에 용기를 마련하게 된다. 축배용 유리잔은 리본과 꽃 장식을 잔의 손잡이 부분에 묶어서 장식하기도 한다.

5. 뷔페용 테이블과 테이블 스커트 데코레이션(Buffet Table & Table Skirt Decoration)

뷔페용 테이블은 플라워 어레인지먼트와 느슨한 꽃과 잎을 일정하게 사용해서 테이블과 음식 쟁반을 장식한다. 플로리스트는 하객이 한쪽 방향에서만 음식을 받는지, 아니면 양쪽 방향에서 음식을 받는지를 알아야 센터피스를 원 사이드 또는 올 사이드로 결정할 수 있다. 일반적으로 뷔페용 플라워 디자인은 정교하게 만들어서 테이블을 강조한다.

테이블의 자락에 핀으로 고정시켜서 하객이 지나다닐 때 걸리적거리지 않도록 신경을 써야 한다. 리본 갈런드를 사용해서 테이블을 장식하며, 리셉션 장소의 색채와 통일시킨다.

6. 액세서리(Accessory)

코사지

네임카드

냅킨

의자

선물포장

바스켓

7. 연중행사와 꽃의 관계

동서양을 막론하고 어느 나라든 연중행사로서 축제일에는 아름다운 꽃들이 의례 사용되게 마련인데, 사용되는 꽃들은 특수한 의미를 갖고 그 행사를 빛나게 한다.

■발렌타인 데이(Valentine's Day)

3세기 초 로마의 발렌티누스(Valentinus) 성인이 해외로 원정 가는 병사들의 결혼을 금지한 로마황제의 결정에 반대한 이유로, 클라우디누스(Claudinus)에 의해 처형당한 날을 조상절이라고 하여 고인의 영혼을 위로한 것이 기원이라고 한다. 그 후 14세기 경부터 자연계의 조류(鳥類)들이 교미를 시작한다는 전설과 결부시켜 2월 14일을 발렌타인 데이라고 부르게 되었다고 한다.

이 날만은 연애편지를 누구에게나 보내도 되며, 여성으로부터 사랑의 고백을 받을 수 있는 멋진 사랑의 날이기도 하다. 붉은 하트(heart)는 사랑을 상징하고, 붉은색 장미나 카네이션, 튤립, 수선화, 제비꽃 등이 선물로 반겨지며, 사랑을 표시한 그림이나 글을 적은 카드(card), 초콜릿이나 스웨터, 머플러 등을 좋아하는 남성에게 보내기도 한다.

■부활절(Easter Day)

예수 그리스도의 부활을 기념하는 대축제일로서 3월 21일(춘분) 이후 보름달 다음의 첫 번째 일요일을 말하며, 대략 3월 하순~4월 초순의 일요일이 이에 해당한다.

교회나 거리는 온통 백합(lily)이나 수선화(narcissus) 또는 수국(hydrangea), 튤립(tulip) 등으로 장식되며, 교인들은 제각기 화려한 옷을 입고 교회로 예배하러 가며, 미국의 여성은 누구나 가슴에 코사지(corsage)를 달거나 꽃을 장식한 테 없는 모자를 쓰고 교회로 간다. 또 부활절 백합(Easter lily)이나 화분, 꽃바구니, 여러 가지 빛깔로 색칠했거나 그림을 그린 부활절 계란, 축하용 인사 카드, 밤색으로 구워진 산토끼 모양의 빵 등을 서로 선물로 주고받는다. 부활절의 빛깔은 밝은 자주색, 녹색, 노랑색, 그리고 분홍색이 사용된다.

발렌타인 데이

부활절

■어버이 날

어버이날은 5월 8일에 기념되는 날로 어버이를 존경하는 일 년 중 가장 바쁜 휴일 중의 하나이다. 원래는 어머니날이었으나 부모님들에 대한 공평성을 위하여 어버이날로 고쳐서 지켜오고 있다. 어버이날의 유래는 사순절의 첫날부터 4번째 일요일에 어버이의 영혼에 감사하기 위하여 교회를 찾는 영국 · 그리스의 풍습과, 1910년경 미국의 한 여성이 어머니를 추모하기 위하여 교회에서 흰 카네이션을 교인들에게 나누어 준 일에서 연유한다. 14년 미국의 제28대 대통령 T.W.윌슨이 5월의 두 번째 일요일을 어머니의 날로 정한 것이 시초이다. 외국에서는 5월의 두 번째 일요일을 어머니날로 하여 어머니가 생존한 사람은 빨간 카네이션을, 어머니가 사망한 사람은 흰 카네이션을 가슴에 달고 각종 집회를 열며, 가정에서는 자녀들이 어머니에게 선물을 한다. 한국에서는 어머니뿐만 아니라 아버지 · 할아버지 · 할머니까지 포함하고, 조상과 모든 어른을 위한 날로 규정하였다.

■할로윈(Halloween)

만성절(Hallow-Mas)의 전날 밤인 10월 31일을 말한다. 만성절 여러 성인에게 올리는 미사에는 고인들의 혼백이 나타난다고 하여, 그 전날 밤 동심으로 돌아가 남녀노소 할 것 없이 떠들어대며 희극적인 하루 밤을 보낸다. 아이들은 가면이나 천을 머리 위로부터 덮어쓰고 귀신 흉내내며, 이웃집들을 돌면서 'Trick or Treat(장난칠까요 아니면 맛있는 것을 줄래요)' 라고 하면서 과자나 과일을 자루 속에 받아간다.

할로윈의 빛깔은 검은색과 오렌지색이 주로 사용되며, 멜론류나 과일, 곡물, 호박류, 검은 고양이나 가면, 빗자루를 탄 마녀 등이 등장한 호박의 속을 도려낸 후 바깥쪽에 칼로 눈과 코, 입 등 구멍을 뚫고, 그 속에 양초를 세워 불을 켜는 초롱(Jack O Lantern)이 만들어진다. 한마디로 희극적인 서구의 귀신놀이를 하는 밤이다.

어버이 날

할로윈

■추수감사절(Thanks Giving Day)

기독교 신자들이 1년에 한번씩 추수한 뒤에 하나님에게 감사의 제를 올리는 날이다. 각국의 사정과 풍습에 따라 그 날짜도 다르다. 1620년 종교의 자유를 찾아 미 대륙으로 건너간 102명의 청교도 일행들이 처음 해의 겨울동안 식량부족으로 절반 이상이 굶어 죽는 비운을 맞았다. 살아남은 생존자들이 원주민(Indian)으로부터 옥수수 종자를 얻어 농사를 짓기 시작하여 그 해 가을 추수한 후 그들의 은혜에 보답하기 위하여 11월의 네 번째 목요일에 인디언 추장 일행을 초대하여 햇곡과 칠면조(turky) 등을 차려놓고 하나님 앞에 감사제를 성대히 올린 것이 미국 최초의 추수감사제가 되었다고 한다.

추수감사절은 수확된 풍부한 소재들로 테마에 따라 장식한다. 이 휴일이 가을에 있기 때문에 드라이(dry) 소재나 퍼머넌트(permanent) 플라워 어레인지먼트와 리스(wreath)가 유행되고 있다. 이들은 매우 다양한 재료들로 이루어지는데 말린 풀이나 꽃, 곡식, 그리고 견과류 등이 주를 이룬다. 추수감사절의 빛깔(color)은 노랑색으로부터 밤색까지의 색조(tone)를 중심으로 하며, 그 해 가을에 추수한 맛있는 과일이나 곡물, 야채 등을 바구니에 가득 담아 식탁 위에 장식을 하거나 아름다운 단풍이나 붉은 잎, 나뭇가지, 가을꽃 등을 모아 가을 수확의 기쁨을 나타내는 장식을 하게 된다. 수레국화(centaurea)는 추수감사제의 상징 꽃이다.

■크리스마스(Christmas)

예수 그리스도의 탄생을 축하하는 날로서 기독교의 연중 최대행사인 12월 25일이다. 서양에서 크리스마스는 제일 길고 가장 많은 사람들에 의해 경축되는 휴일이다. 크리스마스 시즌만큼 꽃과 장식품의 활용이 활발해지는 축일은 없다.

전통적인 색깔로는 빨강색과 녹색이 있으며, 현대에는 은색 · 금색 · 흰색도 인기 있다. 크리스마스를 상징하는 빨강색은 구약성서의 탈 이집트기 중의 유월절(Pass Over)에 희생되는 어린양의 피 색깔로부터 나왔으며, 녹색은 영원의 생명을 나타내는 상록수의 색깔로부터 나왔고, 흰색은 예수 그리스도의 탄생을 나타낸다. 크리스마스 기간 동안에는 화분에 심어진 식물이나 신선한 상록수 등의 어레인지먼트로 장식된다. 상록수로 만든 리스는 크리스마스 시즌에 가장 사랑 받는 장식품 중의 하나로 흔히 문 위에, 벽난로 위에, 그리고 벽에 장식된다. 솔방울 · 시프러스 · 전나무 · 햄록 · 시더 · 홀리(holly, 서양 참가시은계목), 그리고 주니퍼 등은 리스와 도어 스웨그(door swag: 문에 거는 꽃 장식), 그리고 테이블 센터피스로 많은 수요가 있다. 홀리는 고대로부터 잎의 가시와 빨강열매에 마귀를 제거하는 힘이 있다고 믿어져 왔으며, 신성하다는 홀리(holy)로부터 holly로 명명되었다고 한다. 포인세티아(poinsettia)는 가장 수요가 많은 화분식물로 빨강색과 녹색을 겸비한 식물이며, 이 계절에 피어나므로 크리스마스를 상징하게 되었다.

추수감사절

크리스마스

8. 플로랄 캔들(Floral Candle)

캔들은 화예 디자인에 포괄적으로 사용되고 있는 장식적인 재료로써 불을 밝히는 빛의 효과와 함께 정서적 분위기를 연출할 수 있으며, 재료 자체가 지닌 형상적, 구성적 요소들이 강하게 나타나는 소재이다. 불을 밝히는 기능적 요구로부터 출현되어진 캔들은 현대의 장식성으로서의 플로랄 캔들에 이르도록 일상 생활에서 뿐만 아니라 기쁨과 슬픔, 기원이나 의식의 도구로써 혹은 마음을 안정시키는 역할과 축하행사, 제례, 악취제거, 아로마테라피(aroma therapy) 등과 같은 종교적, 물리적, 치료적 목적은 물론 고풍스럽거나 화려한 분위기를 연출하는 장식적인 목적으로도 폭넓게 사용된다. 일반적으로 화예 디자인 작품에 등장되고 있는 플로랄 캔들은 주로 고품질의 파라핀 왁스, 안료, 염료를 혼합하여 만들어지는데 사용 목적과 용도에 맞도록 형상과 색채, 양식에 있어서 그 종류가 매우 다양하다.

캔들과 함께 사용되는 주된 재료로는 식물의 잎이나 줄기, 꽃잎, 과일, 채소, 리본이 있다. 특히 리본이 주는 부드러운 양감과 색채는 플로랄 캔들 작품에 조화감을 상승시켜 준다.

캔들에 의한 식탁장식으로는 연회, 만찬(dinner), 오찬(luncheon), 축제 및 일상적인 식탁의 장식이 해당된다. 혼례식이나 공식적인 행사에서 외촛대에 장식을 하여 서약을 하기도 하며, 다촛대(candlelabrum)는 화려하고 우아한 장식적인 효과에서 주로 사용한다. 키가 높은 다촛대를 사용하는 경우에는 촛대의 가지들을 이끼(moss)나 아이비(hedera helix) 줄기로 감싸서 철제를 커버링하는 기능으로서의 효과와 함께 장식적인 표현을 한다. 특히 높은 촛대에 의한 장식은 천장이 높은 공간을 활용하면서 우아한 분위기를 연출하게 된다. 캔들의 위치는 중앙에 배치하거나 틀 내에 고른 간격으로 꽂아 다른 재료들과의 조화를 이루도록 한다.

03 테이블 플라워 디자인의 실습

Table Flower Design

1. 구성 스타일별 플라워 디자인
2. 이미지별 플라워 디자인
3. 계절별 플라워 디자인
4. 플라워 디자인의 응용

1. 구성 스타일별 플라워 디자인

Decorative

Traditional Style - Dome

materials & equipment

3가지색 장미, 스프레이 카네이션, 리시안서스, 아네모네, 프리지아, 섬담쟁이, 레몬 잎, 편백

보라색의 원통형 도자기 화기, 오아시스

엘레강스한 디너 테이블

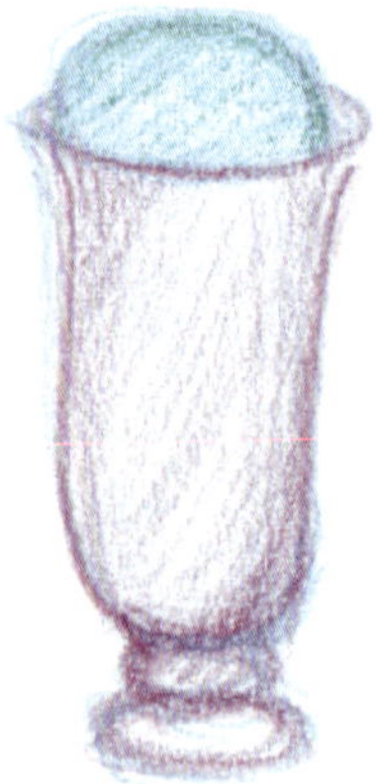

1 오아시스를 화기보다 1㎝ 높게 잘라 넣는다.

2 레몬잎과 편백을 돔형으로 꽂는다.

3 장미, 스프레이 카네이션, 리시안서스, 아네모네, 프리지아를 꽂는다.

4 섬담쟁이를 꽂아 액센트를 준다.

Decorative

Traditional Style - Round

materials & equipment

장미, 맨드라미, 매리골드, 목수국, 스프레이 스토크, 홍화, 떡갈나무, 오리나무, 레몬 잎

원형 플라스틱 화기, 오아시스, 초, 나뭇가지, 스카치 테이프

테이블 서비스 파티

1 오아시스를 화기보다 1cm 높게 잘라 넣는다.

2 초 밑 부분에 나뭇가지 3개 놓고 스카치 테이프로 함께 감아 흔들리지 않도록 고정한다.

3 초를 오아시스 중심에 꽂는다.

4 떡갈나무를 가장자리에 꽂는다.

5 장미, 맨드라미, 매리골드, 목수국을 초 보다 낮게 꽂는다.

6 꽃 사이에 스프레이 스토크, 홍화, 오리나무, 레몬 잎을 꽂는다.

Decorative

Traditional Style - Corn

materials & equipment

2가지색 카네이션, 소국, 석죽, 편백, 스마일락스

원형 도자기 화기, 오아시스, 나뭇가지

캐주얼한 한식 테이블

1 화기에 오아시스를 세워서 2개를 겹친 후 나뭇가지로 고정한다.

2 콘(corn) 형태가 되도록 오아시스를 다듬는다.

3 밑에서부터 편백, 카네이션, 편백, 석죽, 소국 순으로 짧게 꽂아 계단형태가 되도록 한다.

4 스마일락스를 위에 자연스럽게 돌려 풍성한 느낌을 준다.

Decorative
Parallel Style

materials & equipment

수국, 소국, 설유화, 몬스테라, 유카리, 베어 그래스, 이끼

원형 유리 화기, 오아시스, 마직 포장지, 스테이플러(stapler)

가든 파티

1 화기에 설유화를 지탱할 수 있도록 오아시스를 높게 잘라 넣는다.

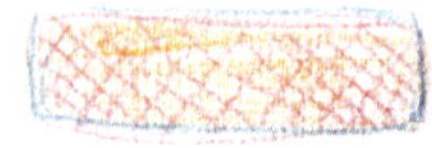

2 화기 테두리를 오아시스가 보이지 않도록 마직 포장지로 감싼 후 스테이플러로 고정한다.

3 수국을 수직으로 꽂는다.

4 뒤쪽에 설유화를 수직으로 꽂는다.

5 몬스테라를 앞뒤에 세워 꽂는다.

6 빈곳에 소국과 유카리를 세워 꽂는다.

7 베어 그래스를 한꺼번에 모아서 중심에 꽂아 자연스럽게 벌어지도록 한다.

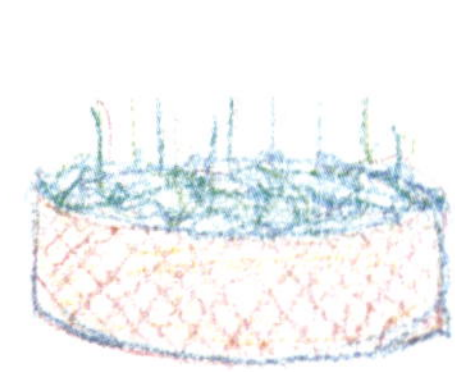

8 오아시스 위를 이끼로 덮는다.

Decorative
Texture Style

materials & equipment

보리, 왁스 플라워, 레스 플라워, 엽란

콤포트형의 유리 화기, 오아시스, 초록색 철사

한식 테이블

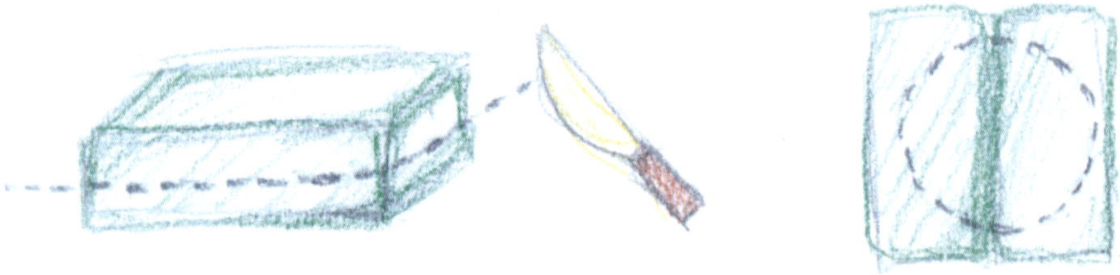

1 오아시스를 반 갈라서 납작하게 화기 위에 얹는다.

2 엽란을 오아시스보다 높게 두른 후 초록색 철사로 U핀 만들어 고정한다.

3 보리, 왁스 플라워, 레스 플라워를 같은 높이로 자른다.

4 꽃을 그루핑(grouping)하여 일렬로 꽂는다.

Decorative

Horizontal Style

materials & equipment

장미, 아네모네, 라넌큘러스, 섬담쟁이, 레몬 잎, 청지목, 미모사, 편백

갈색의 직사각형 도자기 화기, 오아시스, 앵커 테이프

클래식한 디너 테이블

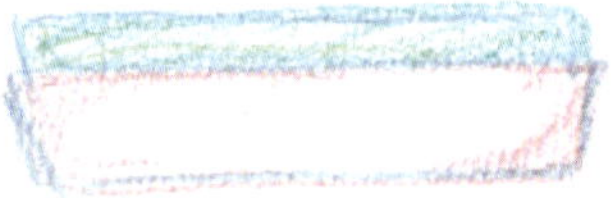

1 오아시스를 화기보다 1㎝ 높게 잘라 넣는다.

2 오아시스가 움직이지 않도록 앵커 테이프로 고정한다.

3 레몬잎, 청지목, 편백을 수평형으로 꽂는다.

4 장미, 아네모네, 라넌큘러스를 꽂는다.

5 섬담쟁이와 미모사를 꽃 사이에 꽂는다.

Decorative

Structure Style

materials & equipment

칼라, 아이비, 엽란

정사각형 · 직사각형 유리 화기 4개, 노끈, 초록색 철사, 디자인 와이어, 리본

런칭 행사

2 각기 다른 모양의 화기에 칼라 줄기의 높이를 다르게 구성한다.

1 칼라 줄기를 같은 높이로 잘라 화기에 담는다.

3 화기 배열을 테이블의 형태에 맞게 구성한다.

4 아이비로 화기 위에 자연스럽게 늘어뜨려 전체를 연결시킨다.

❶ 칼라의 꽃잎이 모아지도록 방향을 고려하여 부케(bouquet)를 만든다.

❷ 가운데 부분이 높고 가장자리가 약간 낮게 정리한다.

❸ 노끈으로 묶은 뒤 엽란으로 감싼다.

❹ 디자인 와이어로 엽란 가운데 부분을 여러 번 감는다.

❺ 아이비를 엽란 위쪽에 돌린다.

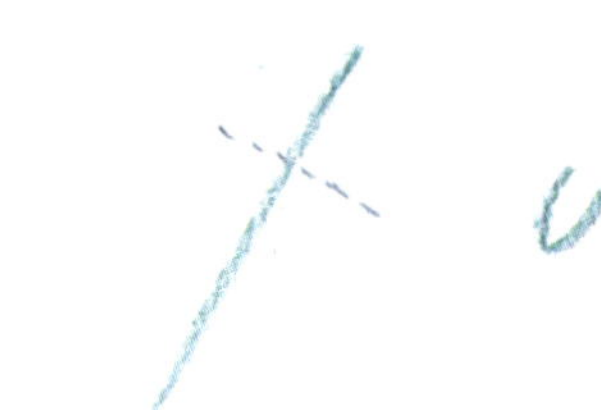

❻ 초록색 철사로 아이비가 흘러내리지 않도록 고정한다.

Decorative
Free Style

materials & equipment

튤립, 제비난, 스프레이 카네이션, 이끼

긴 직사각형 도자기 화기, 오아시스, 초록색 철사

한식 뷔페 파티

1 오아시스를 화기보다 1cm 낮게 잘라 놓는다.

2 제비난을 양쪽으로 벌어지게 꽂는다.

3 튤립을 가운데에 일렬로 꽂는다.

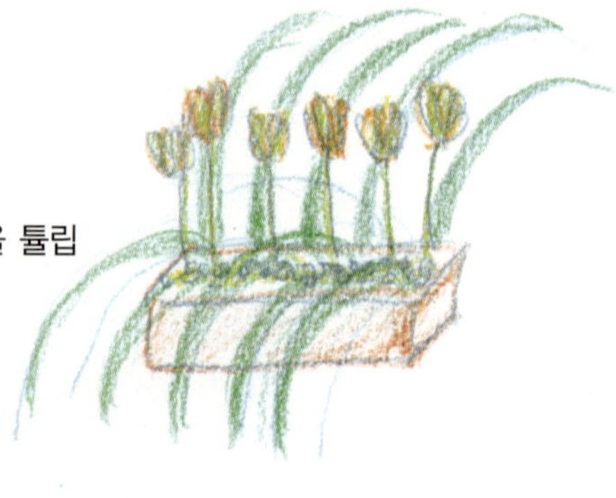

4 스프레이 카네이션을 튤립 밑 부분에 짧게 꽂는다.

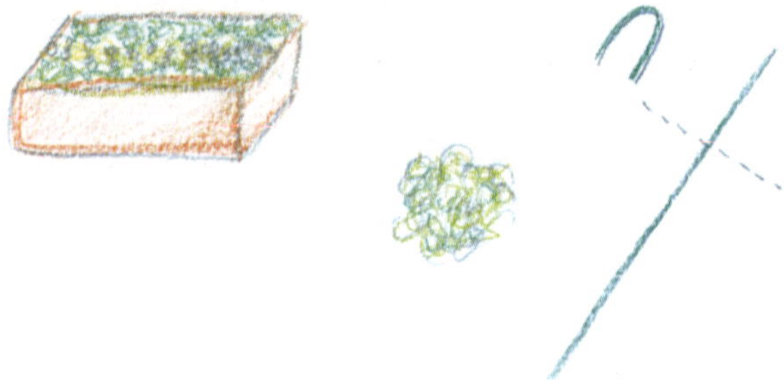

5 제비난 바깥쪽에 이끼를 놓고 철사를 U핀으로 만들어 고정한다.

Decorative

Flieβend Style

materials & equipment

조팝, 장미, 작약, 부루스타, 미니 호접란, 석죽, 편백, 코르딜리네, 보리

높은 원통형 유리 화기, 오아시스, 앵커 테이프

리셉션 파티

1 화기 안에 보리를 채워 장식효과를 낸다.

2 화기 위에 오아시스를 끼운 후 가장자리 밑 부분을 잘라낸다.

3 아래에서 꽂은 꽃이 빠지지 않도록 오아시스 2개를 겹친 후 흔들리지 않도록 나뭇가지로 고정한다.

4 화기와 오아시스가 흔들리지 않도록 앵커 테이프로 고정한다.

5 편백과 조팝을 쏟아지는(flieβend) 형태로 아래에서 위쪽으로 꽂는다.

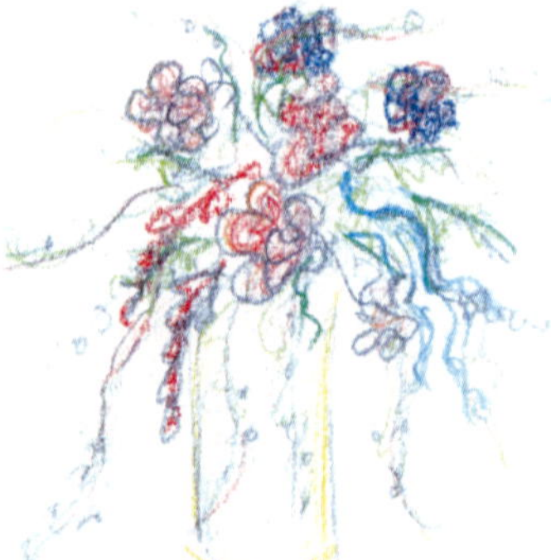

6 지저분해 보이지 않도록 장미, 작약, 부루스타, 미니 호접란, 석죽을 그루핑(grouping)하여 꽂는다.

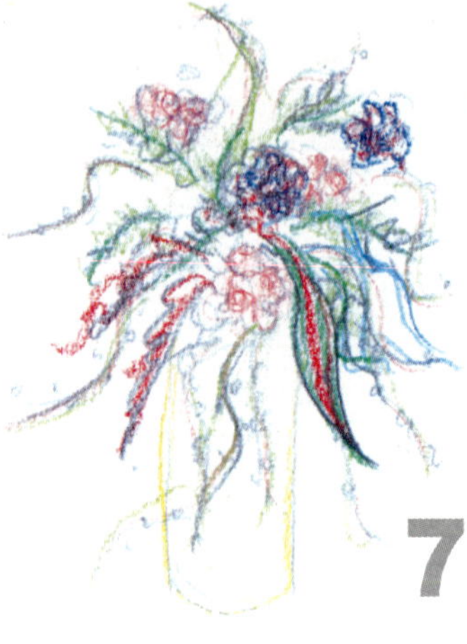

7 코르딜리네를 꽂아 액센트를 준다.

Decorative
Experimental Style

materials & equipment

낙상홍, 광나무, 소국

직사각형 유리 화기, 짚, 시험관, 갈색 철사, 글루 건, 글루 스틱, 깃털

겨울 런칭 행사 테이블

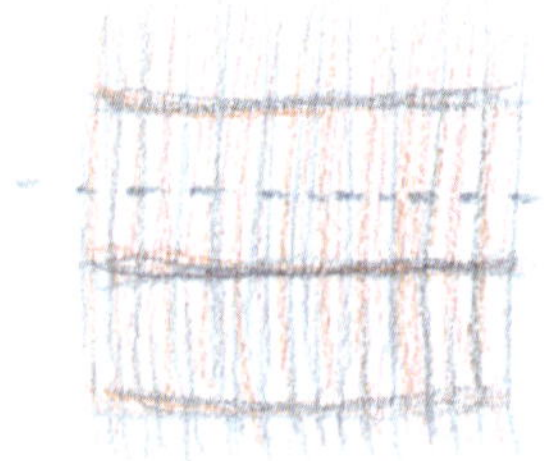

1 화기 높이에 맞게 짚을 자른다.

2 짚을 지그재그로 접어 화기에 넣는다.

3 낙상홍과 광나무를 짚 위에 가로질러 얹는다.

4 소국을 시험관에 넣고 물을 부은 뒤 짚 사이에 꽂는다.

5 깃털을 글루 건을 이용하여 짚에 붙인다.

Vegetative

Garden Style

materials & equipment

크로코스미아, 연밥, 맨드라미, 촛불 맨드라미, 자스민

접시모양의 사각형 유리 화기, 오아시스, 검정색 자갈

한식 뷔페 파티

1 오아시스를 화기와 같은 높이로 잘라 넣는다.

2 가장자리를 낮고 완만하게 다듬는다.

3 크로코스미아를 3: 7의 비율로 앞뒤에 나누어 꽂는다.

4 연밥과 맨드라미를 평행(parallel)하게 그루핑(grouping)하여 꽂는다.

5 자스민을 앞으로 늘어뜨린다.

6 오아시스 위를 자갈로 덮는다.

Vegetative
Crossing Style

materials & equipment

플록스, 천일홍, 드라세나, 루스커스, 연밥, 찔레, 갈색 이끼

긴 직사각형의 도자기 화기, 오아시스

한식 테이블 서비스 파티

1 오아시스를 화기와 같은 높이로 잘라 넣는다.

2 플록스와 천일홍을 교차(crossing)하여 꽂는다.

3 드라세나와 루스커스를 교차하여 꽂아 면의 형태가 되도록 한다.

4 연밥과 찔레를 윗 부분에 가로질러 꽂아 풍성한 느낌을 준다.

5 오아시스 위를 화기와 같은 갈색 이끼로 덮는다.

Formal-Linear

Graphical Style

materials & equipment

나리, 조, 팔손이, 자리공, 다래, 이끼

작은 원형 유리 화기, 글루 건, 글루 스틱, 나비 장식

일식 뷔페 파티

1 오아시스를 화기와 같은 높이로 잘라 넣는다.

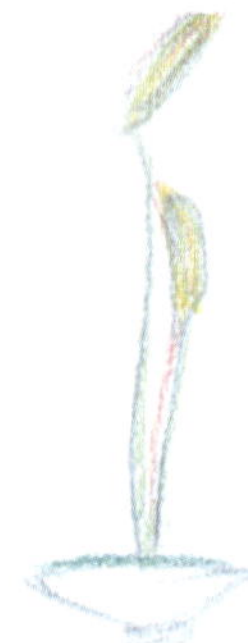

2 조를 중심에 꽂는다.

3 나리를 앞쪽에 낮게 꽂는다.

4 팔손이를 그루핑(grouping)하여 꽂는다.

5 자리공을 풍성한 느낌을 주도록 벌어지게 꽂는다.

6 다래를 중심에 꽂고 글루건으로 나비를 붙인다.

7 오아시스 위를 이끼로 덮는다.

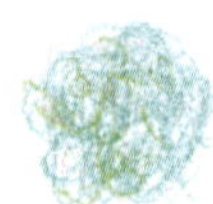

Formal-Linear

Crossing Style

materials & equipment

대곡도, 수국, 꼬리, 솔리다스터, 바크

긴 직사각형의 도자기 화기, 오아시스

한식 리셉션 파티

1 오아시스를 화기와 같은 높이로 잘라 넣는다

2 대곡도를 교차(crossing)하여 꽂는다.

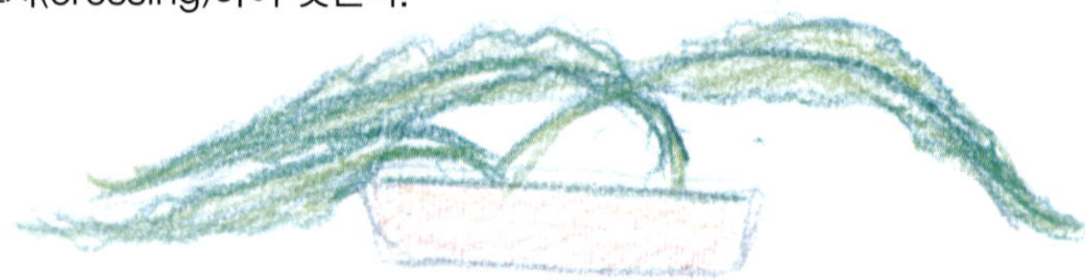

3 수국과 꽈리를 그루핑(grouping)하여 꽂는다.

4 솔리다스터를 뒤쪽에 낮게 꽂는다.

5 오아시스 위를 바크로 덮는다.

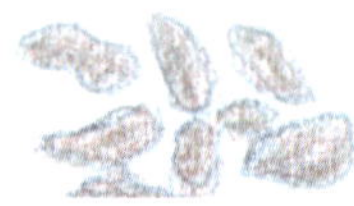

Formal-Linear

Parallel Style

materials & equipment

알스트로메리아, 수선화, 버들강아지, 호엽란, 갤럭스, 바크, 카페트 이끼

정사각형 도자기 화기, 오아시스, 초록색 철사, 스카치 테이프

한식 런칭 행사

1 오아시스를 화기보다 1cm 낮게 잘라 놓는다.

2 수선화는 줄기와 잎이 떨어지기 쉬우므로 오아시스에 꽂는 밑 부분을 스카치 테이프로 감는다.

3 알스트로메리아, 수선화, 버들강아지, 호엽란을 그루핑(grouping)하여 높이를 다르게 꽂는다.

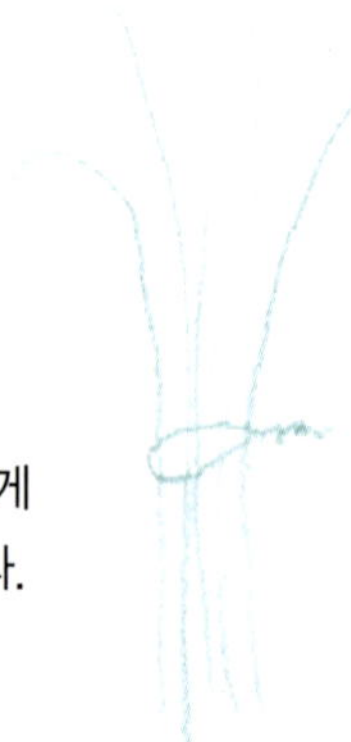

4 호엽란을 벌어지지 않게 중간 부분을 철사로 모아준다.

5 오아시스 앞쪽에 갤럭스를 겹쳐서 꽂는다.

6 오아시스에 듬성듬성 카페트 이끼를 놓고 철사를 U핀으로 만들어 고정한다.

7 오아시스 빈곳에 바크를 놓아 미니 정원과 같은 느낌을 준다.

Formal-Linear

Experimental Style

materials & equipment

화살나무, 낙상홍

노끈형태의 철사, 빨강색 가죽 끈, 검정 볼

크리스마스 뷔페 파티

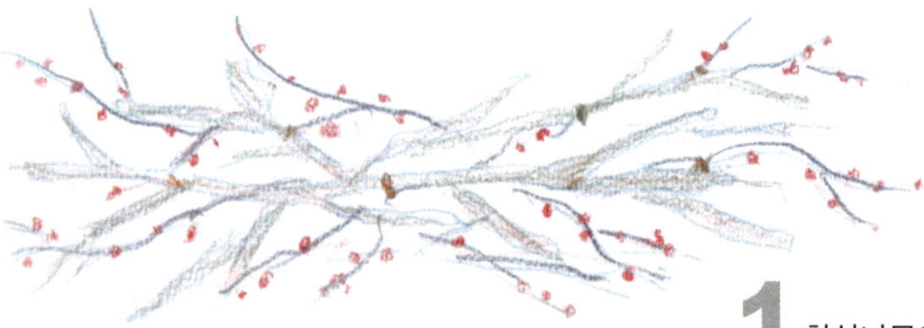

1 화살나무와 낙상홍을 노끈형태의 철사로 볼륨감 있게 묶는다.

2 검정볼을 크기와 광택이 다른 것을 준비한다.

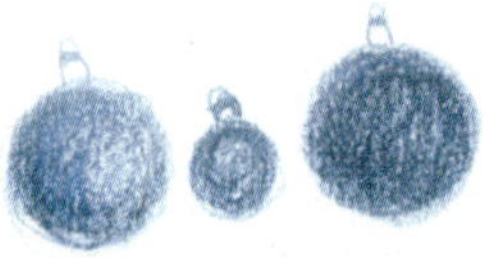

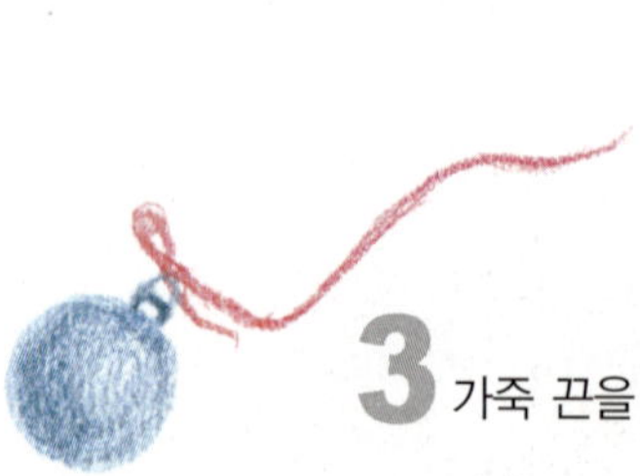

3 가죽 끈을 볼의 고리에 묶는다.

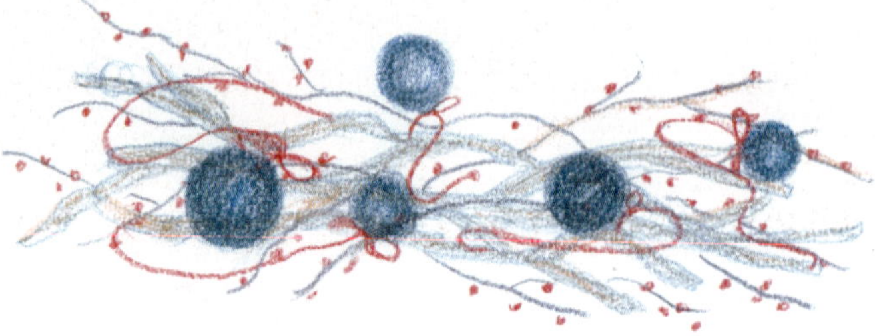

4 화살나무와 낙상홍에 가죽 끈을 연결한다

2. 이미지별 플라워 디자인

Image

Classic

materials & equipment

장미, 아네모네, 섬담쟁이, 편백

높은 도자기 화기, 오아시스

클래식한 디너 테이블

1 오아시스를 화기보다 5㎝높게 잘라 넣는다.

2 편백을 피라미드 형태가 되도록 꽂는다.

3 장미와 아네모네를 꽂는다.

4 섬담쟁이를 꽂아 액센트를 준다.

Image
Elegance

materials & equipment

장미, 리시안서스, 루스커스, 곱슬 버들

높은 유리 화기, 갈색 철사, 노끈, 나뭇가지, 리본

엘레강스한 런칭 행사

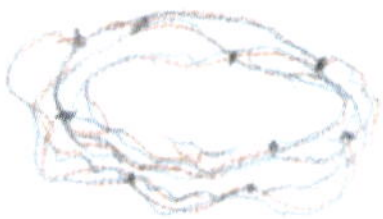

1 곱슬 버들을 돌려가며 갈색철사로 고정한다. 여러 번 돌려 풍성한 리스(wreath)를 만든다.

2 장미를 나선형(spiral)으로 돌려가며 부케(bouquet) 만든다.

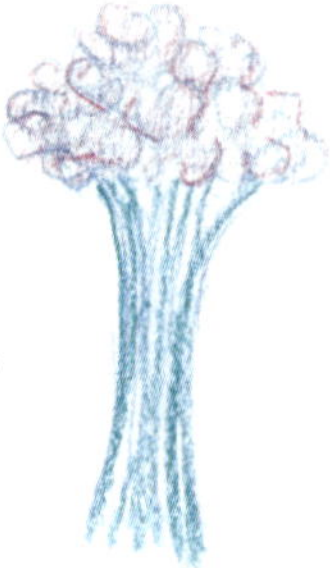

3 가운데 부분이 높고 가장자리가 약간 낮게 정리한다.

4 장미 가장자리에 리시안서스를 약간 낮게 돌려가며 다발을 만든다.

5 리시안서스 가장자리에 루스커스를 듬성듬성 돌려가며 다발을 만든다.

6 다발을 쥔 손 위쪽에 노끈으로 단단히 묶는다.

7 노끈 위를 리본으로 감싼다.

8 리스 안에 부케를 넣고 나뭇가지를 관통한 후 리스와 나뭇가지를 갈색 철사로 고정한다.

9 화기에 넣는다.

Image
Casual

materials & equipment

거베라, 소국, 알스트로메리아, 버플리움

컵 모양의 도자기 화기, 오아시스, 새 장식

캐주얼한 런치 테이블

1 오아시스를 화기보다 2㎝ 높게 잘라 넣는다.

2 거베라, 국화, 알스트로메리아를 그루핑(grouping)하여 돔형으로 꽂는다.

3 버풀리움을 약간 길게 꽂아 풍성한 느낌을 주도록 한다.

4 새 장식을 꽂아 캐주얼한 느낌을 준다.

Peppe
Salt

Image

Modern

materials & equipment

대곡도, 플록스

원형 유리 화기

모던한 런칭 행사

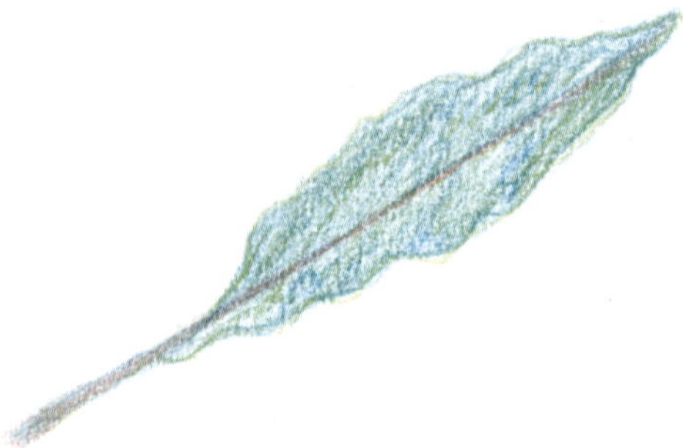

1 화기에 대곡도를 가장자리부터 돌려 채운다.

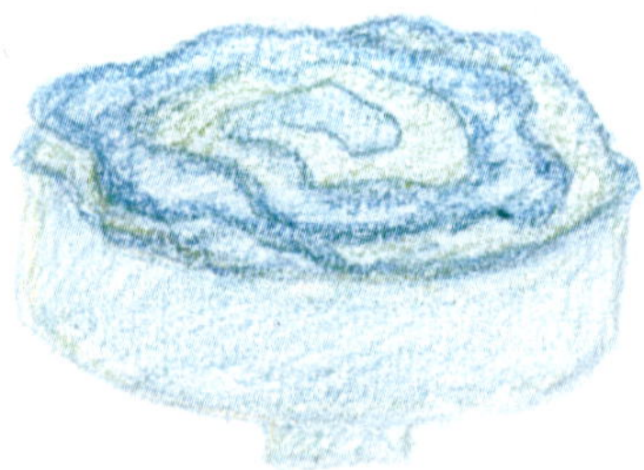

2 플록스를 대곡도 사이에 꽂는다.

Image

Natural

materials & equipment

장미, 맨드라미, 조, 연밥, 플록스, 수국, 편백, 설유가지, 몬스테라, 레몬 잎, 망개나무

긴 직사각형의 플라스틱 화기, 오아시스

한식 테이블 서비스 파티

1 화기에 오아시스를 올려 놓는다.

2 편백과 레몬 잎을 꽂는다.

3 설유가지와 몬스테라를 그루핑(grouping)하여 양쪽에 꽂는다.

4 장미, 맨드라미, 조, 연밥, 플록스를 자연이 자라는 모습으로 높낮이를 다르게 꽂는다.

5 뒤쪽에 수국을 꽂는다.

6 망개나무를 자연스럽게 걸치듯이 꽂아 풍성한 느낌을 준다.

Image

Ethnic

materials & equipment

아나나스, 파피오페딜럼, 코르딜리네, 몬스테라, 루스커스, 곱슬 버들, 이끼

검정색의 폭이 좁은 도자기 화기, 오아시스, 초록색 철사

에스닉한 테이블

1 오아시스를 화기보다 1㎝높게 잘라 넣는다.

2 오아시스 가장자리를 둥글게 다듬는다.

3 아나나스를 중심에 꽂는다.

4 코르딜리네와 곱슬 버들을 삼각구도로 꽂는다.

5 몬스테라를 앞뒤에 꽂는다.

6 파피오페딜럼을 꽂아 액센트를 준다.

7 루스커스로 마무리한다.

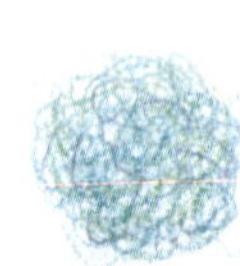

8 오아시스 위에 이끼를 덮고 초록색 철사로 U핀을 만들어 고정한다.

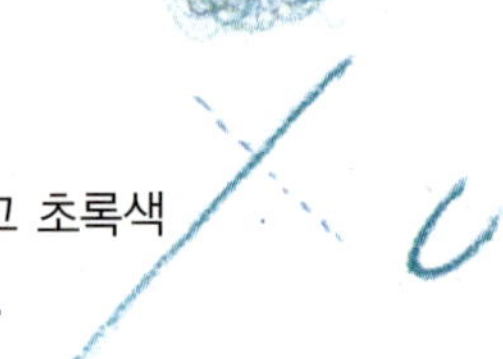

3. 계절별 플라워 디자인

Spring

materials & equipment

벚꽃

작은 유리 볼 8개, 흰색 · 보라색 작은 자갈, 분홍색 오아시스 파우더, 초

벚꽃 축제 테이블

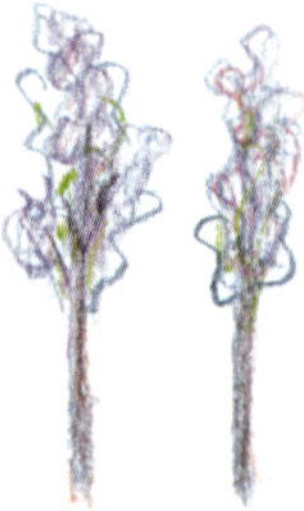

1 벚꽃을 같은 길이로 자른다.

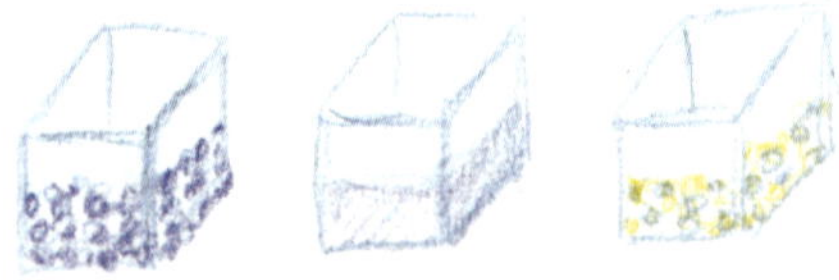

2 유리 볼에 자갈과 오아시스 파우더를 담는다. 오아시스 파우더를 담은 볼에는 물을 부어 단단하게 굳힌다.

3 벚꽃을 패러럴(parallel) 형태가 되도록 꽂는다.

4 초를 물에 띄운다.

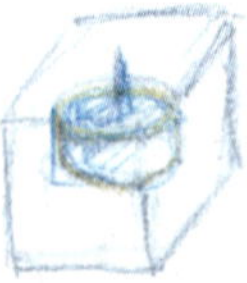

5 여러 개의 볼을 테이블 형태에 맞게 배열한다.

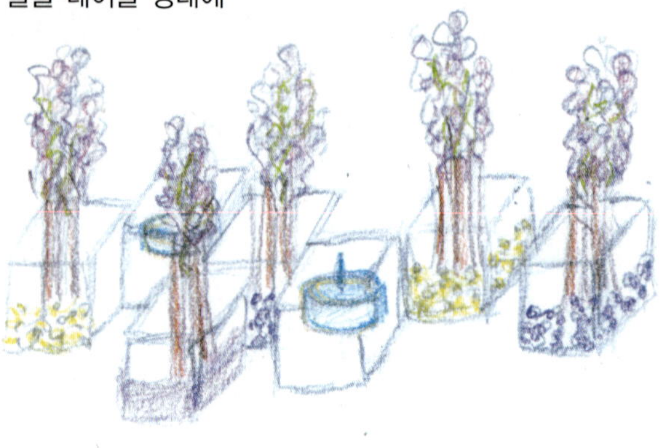

Summer

materials & equipment

매리골드, 히페리쿰, 해바라기, 편백, 팔손이, 조, 아마란서스, 레몬 잎

콤포트형의 유리 화기, 오아시스, 앵커 테이프

퓨전 테이블

1 오아시스를 화기보다 2cm 높게 잘라 넣는다.

2 오아시스 옆면을 엽란으로 감싼 후 앵커 테이프로 화기에 고정한다.

3 편백과 팔손이를 그루핑(grouping)하여 꽂는다.

4 매리골드, 히페리쿰, 해바라기를 윗 부분이 낮게 그루핑하여 꽂는다.

5 조, 아마란서스, 레몬 잎을 쏟아지는(flieβend) 형태로 아래에서 위쪽으로 꽂는다.

Autumn

materials & equipment

장미, 맨드라미, 덴드로비움, 연밥, 잎모란, 소국, 편백, 미모사 아카시아, 귀리, 조, 사과

콤포트형의 도자기 화기, 오아시스, 앵커 테이프, 나뭇가지

전통차 테이블

1 오아시스를 화기보다 1cm 높게 잘라 넣는다.

2 오아시스를 앵커 테이프로 화기에 고정한다.

3 편백과 미모사 아카시아를 꽂는다.

4 귀리를 그루핑(grouping)하여 꽂는다.

5 귀리 반대편에 귀리 줄기와 조를 꽂는다.

6 장미, 맨드라미, 덴드로비움, 연밥, 잎모란, 소국을 그루핑하여 꽂는다.

7 사과 밑부분을 나뭇가지로 뚫어 꽂을 꽂듯이 꽂는다.

Winter

materials & equipment

리스 틀, 주목나무, 편백, 광나무, 유카리, 연밥, 오리나무, 나뭇조각, 솔방울, 먼나무

노끈형태의 철사, 글루 건, 글루 스틱, 나뭇가지, 초록색 철사, 리본, 가죽 끈

크리스마스 테이블

1 주목나무와 편백을 약 20cm 길이로 자른다.

2 리스 틀에 주목나무, 편백, 광나무를 한 방향으로 올려가며 노끈형태의 철사로 감는다. 철사는 자르지 말고 꼭 잡아당겨야 리스 틀에서 빠지지 않는다.

3 리스틀 밑 부분에도 주목나무를 놓고 감아야 부피감을 줄 수 있다. 틀 안과 바깥쪽에도 주목나무가 나오도록 하여 틀의 두께를 넓힌다.

4 유카리, 연밥, 오리나무, 나뭇조각, 솔방울, 먼나무를 글루 건으로 붙인다.

5 광나무와 먼나무는 마르면 잎이 오그라들므로 잎을 제거한다.

6 2가지색의 리본과 가죽 끈을 겹쳐 철사로 고정한 후 나뭇가지에 감는다.

7 나뭇가지를 틀에 관통한 후 글루 건으로 고정한다.

4. 플라워 디자인의 응용

잎새란

materials & equipment

튤립, 잎새란, 버들강아지

원통형 유리 화기, 끈, 양면테이프

젠 스타일의 런치 테이블

1 잎새란을 길이가 다르게 자른다.

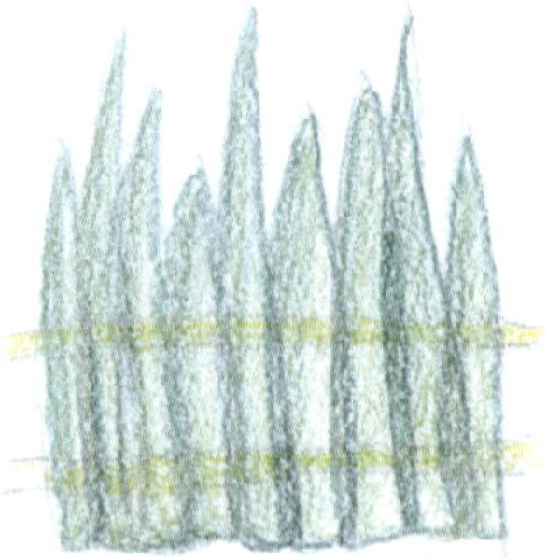

2 잎새란을 뒤집어 조금씩 겹친 후 양면테이프로 위 · 아래 나누어 붙인다.

3 잎새란을 화기에 붙인다.

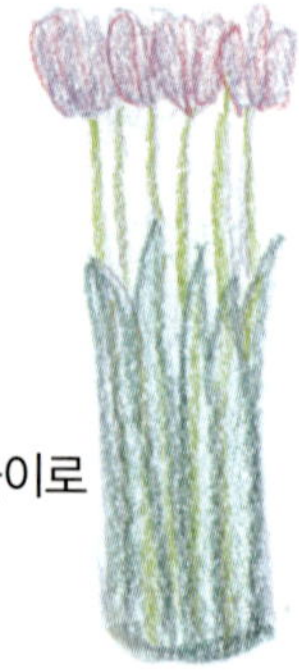

4 튤립을 같은 높이로 다발 째 넣는다.

5 버들강아지를 패러럴(parallel) 형태가 되도록 직선으로 꽂는다.

6 색이 다른 끈을 겹쳐서 잎새란 위에 묶는다.

촛대

materials & equipment

장미, 리시안서스, 스카비오사, 레스 플라워, 부루스타, 스마일락스, 엽란

촛대, 호일, 초록색 철사, 초

엘레강스한 테이블 서비스 파티

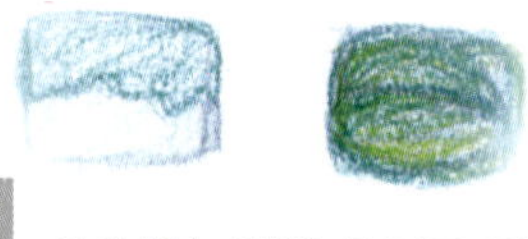

1 오아시스 밑을 호일로 감싸고 엽란으로 옆면을 감싼다.

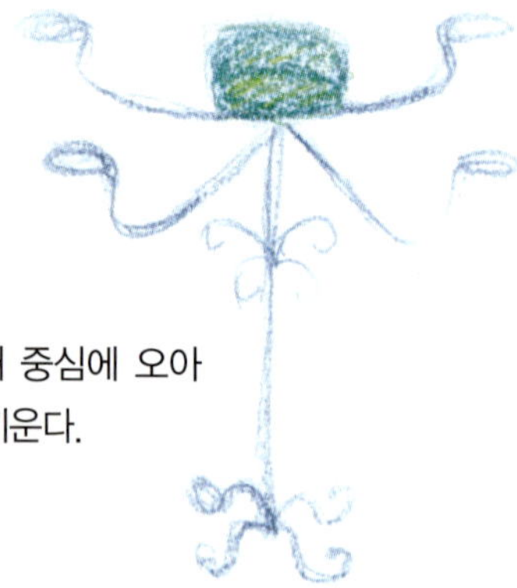

2 촛대 중심에 오아시스를 끼운다.

3 장미와 리시안서스를 방사형(radiate)으로 꽂는다.

4 스카비오사, 레스 플라워, 부루스타를 길고 자연스럽게 꽂는다.

5 스마일락스를 밑 부분에 꽂은 후 촛대에 감는다.

6 초를 유리 볼에 넣는다.

갈란드

materials & equipment

주목나무, 공작 편백, 오리나무

노끈형태의 철사, 구조(frame)용 철사, 글루 건, 글루 스틱, 초록색?연두색 볼, 공단 리본

크리스마스 파티

1 주목나무와 공작 편백을 약 15cm 길이로 자른다.

2 구조용 철사에 주목나무, 공작 편백, 오리나무를 한 방향으로 올려가며 노끈형태의 철사로 감는다. 철사는 자르지 말고 꼭 잡아당겨야 구조용 철사에서 빠지지 않는다.

3 테이블에 알맞은 길이로 갈런드를 만든 후 자연스럽게 구부린다.

4 섬담쟁이를 꽂아 액센트를 준다.

5 갈런드를 리본으로 묶는다.

6 양쪽에 있는 리본 길이는 길게 한다.

종이 상자

materials & equipment

안수리움, 온시디움, 장미, 리시안서스, 유카리, 레몬 잎, 쿠페아

종이 상자, 오아시스, 스티로폼, 셀로판, 글루 건, 글루 스틱, 플라스틱 스틱 홀더, 리본

런칭 행사 테이블

1 구형 나무틀에 스프레이 접착제를 뿌리면서 인조 이끼를 붙인다.

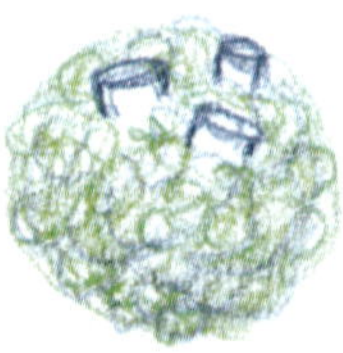

2 꽃을 꽂을 부분의 틀을 벌려 시험관을 넣는다.

3 시험관 안에 캥거루포, 코르딜리네, 히페리쿰, 오리나무를 꽂는다.

4 연잎을 한쪽으로 늘어지게 꽂는다.

5 시험관에 물을 붓는다.

마디초

materials & equipment

글란디아, 마디초

납작한 사각 유리 화기, 오아시스, 리본

모던한 일식 테이블

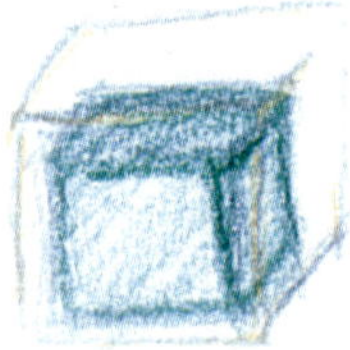

1 오아시스를 화기보다 1cm 낮게 잘라 넣는다.

2 오아시스와 화기 사이에 마디초를 넣을 수 있도록 오아시스 가장자리를 잘라낸다.

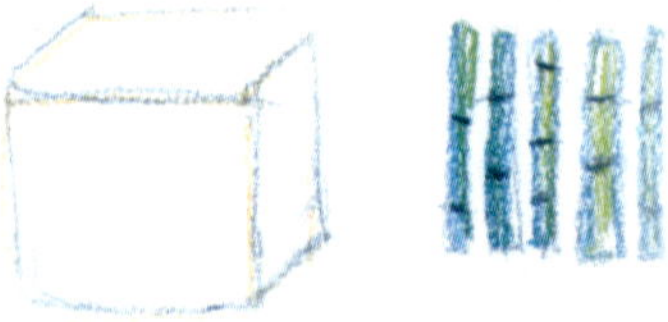

3 마디초를 화기 높이와 같게 같은 길이로 자른다.

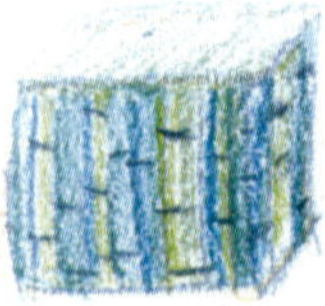

4 화기 가장자리에 마디초를 일렬로 채워 넣는다.

5 글란디아를 같은 높이로 평행(parallel)하게 꽂는다.

6 화기를 리본으로 묶는다.

레 몬

materials & equipment

튤립, 스프링기어, 루모라 고사리

구형 유리 화기, 오아시스, 슬라이서(slicer)

홍차 테이블

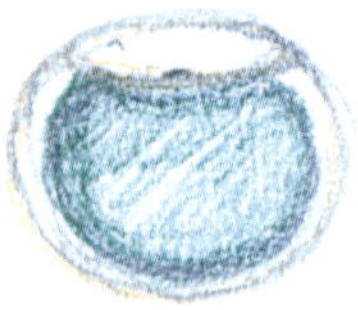

1 오아시스를 화기보다 1cm 낮게 자른다.

2 오아시스와 화기 사이에 레몬을 넣을 수 있도록 오아시스 가장자리를 잘라낸다.

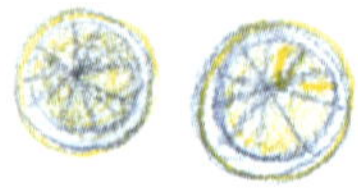

3 레몬을 얇게 슬라이스 한다.

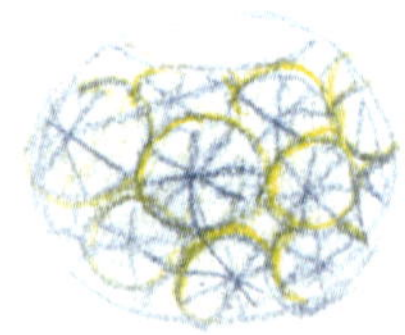

4 화기 가장자리에 레몬을 채워 넣는다.

5 튤립과 스프링기어를 사방으로 퍼지게 꽂는다.

6 루모라 고사리로 화기 입구를 자연스럽게 가린다.

시험관

materials & equipment

스토크

시험관, 흰색 · 검정색 작은 자갈, 라피아

칵테일 파티

1 시험관에 스토크 한 줄기씩 넣는다.

2 시험관을 기울여 3cm 가량의 자갈을 채워 넣는다.

3 자갈을 넣은 부분 위에 여러 가지 색의 라피아를 묶는다.

4 물을 채워 넣는다.

조 화

materials & equipment

조화, 플라스틱 원형 화기, 와이어 커터, 우레탄 폼, 글루 건, 글루 스틱

나뭇가지, 앵커 테이프, 스카치 테이프, 초, 리본

가든 파티

1 화기에 맞게 우레탄 폼을 자른 후 글루 건으로 고정한다.

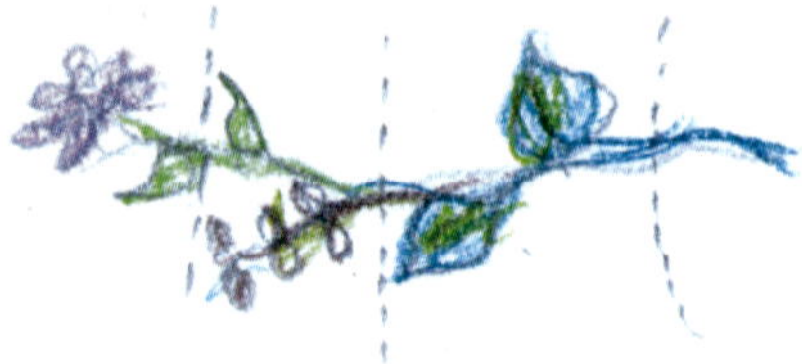

2 와이어 커터로 조화를 자른다.

3 초 밑 부분에 나뭇가지 3개 놓고 스카치 테이프로 함께 감아 흔들리지 않도록 고정한다.

4 초를 중심에 꽂는다.

5 매스 플라워(mass flower)를 꽂은 후 필러 플라워(filler flower)를 꽂으면서 글루 건으로 고정한다.

부록

Table Flower Design

갈럭스
Galax, Wandflower

거베라
Gerbera, Baberton Daisy,
Transval Daisy

광나무
Japanese Privet

국화
Florist's Chrysanthenum

귀리
Avena Sativa

글란디아
Glandia

꽃도라지(리시안서스)
Lisianthus, Prairie Gentian

꽃양배추(잎모란)
Ornamaental Kale,
Flowering Kale

꽈리
Chinese Lantern Plant

나리
Lily

나무 수국(목수국)
Tree Hydrangea

낙상홍
Japanese Winterberry

다래
Tara Vine

드라세나
Dracaena

떡갈나무
Oak Tree

라넌큘러스
Persian Buttercup

레몬 잎
Lemon Leaves

레스 플라워
Bishop's Weed

루모라 고사리
Leather Fern

루스커스
Butcher's Broom

루카덴드론
Leucadendron

망개나무
China Smilax

매리골드
African Marigold

맨드라미
Common Cockscomb

먼나무
Ilex Rotunda

몬스테라
Monstera, Swiss Cheese Plant, Ceriman

미모사
Mimosa, Sensitive Plant

바크
Bark

버들강아지
Pussy Willow

버플리움
Bupleurum

벚나무(벚꽃)
Japanese Flowering Cherry,
Oriental Cherry

베어 그래스
Bear Grass, Indian Grass

보리
Barley

사스레피 나무(청지목)
Eurya Japonica

설유화
Thunberg Spirea

속새(마디초)
Common Horsetail

솔리다스터
Solidaster Luteus

솔방울
Scots Pine

송악(섬담쟁이)
Hedera Rhombea

수국
Japanese Hydrangea,
Hortensia

수선화
Narcissus, Daffodil

스카비오사
Sweet Scabious

스토크
Common Stock

스프링기어
Springea

아나나스
Ananas

아네모네
Garden Anemone

아마란서스
Love-Lies-Bleeding

아스파라거스 아스파라고이데스
(스마일락스)
Smilax, String of Bridal

아이비
Ivy

안수리움
Flamingo Lily

알스트로메리아
Lily of the Incas

연밥
Lotuspod

연잎
Lotus Leaves

엽란
Cast Iron Plant,
Bar Room Plant

이끼
Moss

잇꽃(홍화)
Safflower, Saffran Thistle

잎새란
Flax, New Zealand Flax

오리나무
Japanese Alder

옥시페타럼(부루스타)
Oxypetalum Caeruleum

온시디움
Dancing Doll Orchid

왁스 플라워
Wax Flower, Pink Tea Tree

용버들(곱슬 버들)
Plekin Willow

유카리
Spiral Eucalyptus, Siver Dollar Tree

자리공
Indian Poke

자스민
Italian Jasmine

작약
Chinese Peony

장미
Rose

조
Millet

조팝나무
Spirea, Meadow Sweet

주목
Japanese Yew

찔레
Polyantha Rosa, Baby Rose

천일홍
Globe Amaranth

촛불 맨드라미
Celosia Argentea

카네이션
Carnation

칼라
Commom Calla, Lily of the Nile, Calla Lily

캥거루포
Kangaroo Paw

코르딜리네
Red Dracaena

쿠페아
Cuphea

크로코스미아
Montbretia

튤립
Tulip

파초일엽(대곡도)
Asplenium Antiquum

파피오페딜럼
Lays's Slipper

팔레높시스(호접란)
Moth Orchid

팔손이
Japanese Aralia

패랭이꽃(석죽)
Chinese Pink, Rainbow Pink

편백
Hinoki Cypress

프라타세라(제비난)
Platathera Metabifolia

프리지아
Freesia Hybrida

플록스
Phlox

해바라기
Sunflower

호엽란
Sedge

화살나무
Winged Spindle Tree

히페리쿰 시넨시스
Hypericum Chinese

Spring yellows

1. 미모사 2. 피토스포럼 3. 크리스마스 로즈 4. 루스 스트라이프 5. 저니스터 6. 튤립 7. 라넌큘러스 8. 칼렛 플럼 9.수선화 10.나팔수선 11.스위트피 12.포퓰러스 13. 튜브로즈 14. 황금사철(금사철) 15. 튤립 16. 칼라 17. 장미 18. 공조팝나무 19. 금어초 20. 거베라 21. 불두화 22. 어뷰틸런 23. 리시안서스 24. 솔로몬스실 25. 개나리 26. 매실나무(매화나무)

Spring pinks

1. 유카립투스 2. 장미 3. 동백나무 4. 장미 5. 아네모네 6. 튤립 7. 스위트피 8. 튤립 9. 히아신스 10 작약
11. 작약 12. 리시안서스 13. 왁스플라워 14. 플록스 15. 장미 16. 튤립 17. 거베라 18. 산당화 19. 글라디올러스
20. 복사나무(복숭아) 21. 라넌큘러스 22. 라넌큘러스 23. 금어초

Spring blues and purples

1. 델피니움 2. 아가판서스 3. 락스퍼 4. 델피니움 5. 리아트리스 6. 산꼬리풀 7. 델피니움 8. 프리지아 9. 스토크 10. 튤립 11. 아이리스 12. 스위트피 13. 하늘 매발톱 14. 물망초 15. 물망초 16. 히야신스 17. 무스카리 18. 아네모네 19. 아네모네 20. 스토크 21. 라일락 22. 트라첼리움 23. 라일락

Summer pinks

1. 불두화 2. 다알리아 3. 장미 4. 장미 5 석죽 6. 거베라 7. 어경퀴 8. 맨드라미 9. 모루셀라 10. 락스퍼 11. 작약 12. 화이트빔 13. 스위트피 14. 장미 15. 아스틸베 16. 리시안서스 17. 장미 18. 산사나무 19. 프로테아 20. 나리 21. 맨드라미

Summer yellows and oranges

1. 꽈리 2. 포퓰러스 3. 크로코스미아 4. 국화 5. 루코스퍼멈 6. 헬레니움 7. 칼라 8. 꽃고추 9. 잇꽃 10. 딜 11. 수국 12. 장미 13. 해바라기 14. 히페리쿰 15. 국화 16. 샌더소니아 17. 크랩 애플

Summer blues and purples

1. 용담 2. 델피니움 3. 장미 4. 아게라텀 5. 센토레아 6. 스카비오사 7. 스위트피 8. 코티누스 9. 칼라 10. 델피니움 11. 일리움 12. 델피니움 13. 수국 14. 스카비오사 15. 장미 16 델피니움

Fall pinks

1. 스노우베리 2. 아스틸베 3. 스노우베리 4. 조 5. 거베라 6. 부바르디아 7. 장미 8. 장미 9. 장미 10. 둥근잎 꿩의 비름 11. 엉겅퀴 12. 장미 13. 장미 14. 맨드라미 15. 레이디스 맨틀 16. 다알리아 17. 칼라

Fall whites and yellows

1. 장미 2. 스위트피 3. 맨드라미 4. 다알리아 5. 카네이션 6. 안개꽃 7. 루스스트라이프 8. 트라첼리움 9. 장미
10. 스카비오사 11. 카모마일 12. 스노우베리

Fall oranges

1. 홀리 2. 토마토나무 3. 너도밤나무 4. 루코스퍼멈 5. 넨드로비움 6. 라넌큘러스 7. 떡갈나무 8. 칼라 9. 유카립투스 10. 장미 11. 국화 12. 스칼렛 플럼 13. 글라디올러스 14. 국화 15. 아마릴리스 16. 떡갈나무 17. 튤립

Winter reds

1. 글라디올러스 2. 꽃고추 3. 아네모네 4. 장미 5. 아마릴리스 6. 포티니아 7. 낙상홍 8. 거베라 9. 장미 10. 칼리스테몬 11. 국화 12. 스킴미아 13. 루카덴드론 14. 국화 15. 튤립 16. 안수리움 17. 장미 18. 라넌큘러스 19. 거베라 20. 홍화월도

Winter whites

1. 아마릴리스 2. 스칼렛 플럼 3. 장미 4. 잎모란 5. 왁스플라워 6. 나리 7. 브루니아 8. 다알리아 9. 글라디올러스 10. 목화 11. 제니스타 12. 유카리스, 릴리 13. 라일락 14. 히아신스 15. 라넌큘러스 16. 수선화 17. 나리 18. 호접란 19. 안개 20. 수국 21. 안수리움

All year round flowers

1. 칼라 2. 유카리스 릴리 3. 세네키오 4. 쑥부쟁이 5. 국화 6. 리시안서스 7. 프리지아 8. 오니소가럼 9. 히페리쿰 10. 로즈마리 11. 덴드로비움 12. 장미 13. 장미 14. 거베라 15. 나리 16. 마다가스카르 자스민 17. 심비디움 18. 안수리움 19. 카네이션 20. 안개

Rosa 'Akito'
Tulipa 'Inzell'
Gerbera jamesonii 'Bianca'

Rosa 'Bianca'
Tulipa 'Casablanca'
Gerbera jamesonii 'Lourdes'

Rosa 'Hollywood'
Tulipa 'Cheers'
Gerbera jamesonii 'Nevada'

Rosa 'Pistache!'
Tulipa 'Winterburg'
Gerbera jamesonii 'Nirvana'

Rosa 'Emerald'
Tulipa 'Super Parrot'
Gerbera jamesonii 'Evergreen'

Rosa 'Taxi'
Tulipa 'Yokohama'
Gerbera jamesonii 'Cosmo'

Rosa 'Papillon'
Tulipa 'Golden Appledoom'
Gerbera jamesonii 'Tamara'

Rosa 'Candy Bianca'
Tulipa 'Angelique'
Gerbera jamesonii 'Dolce Vita'

Rosa 'Charming Unique'
Tulipa 'Rosario'
Gerbera jamesonii 'Grizzly'

Rosa 'Ballet'
Tulipa 'Queen of Marvel'
Gerbera jamesonii 'Shirley'

Rosa 'Milano'
Tulipa 'Marvel'
Gerbera jamesonii 'Eyecatcher'

Rosa 'Mystery'
Tulipa 'Rai'
Gerbera jamesonii 'Blue Eye'

Rosa 'Mystique'
Tulipa 'Apricot Beauty'
Gerbera jamesonii 'Tiramisu'

Rosa 'Catwalk'
Tulipa 'Salmon Parrot'
Gerbera jamesonii 'Zalmora'

Rosa 'Orange Unique'
Tulipa 'Viking'
Gerbera jamesonii 'Fabio'

Rosa 'Naranga'
Tulipa 'Ad Rem'
Gerbera jamesonii 'Mystique'

Rosa 'Estelle de Meilland'
Tulipa 'Abra'
Gerbera jamesonii 'Tina'

Rosa 'Cherry Lady'
Tulipa 'Ile de France'
Gerbera jamesonii 'Estrella'

Rosa 'Black Magic'
Tulipa 'Jan Reus'
Gerbera jamesonii 'Chateau'

Rosa 'Black Baccara'
Tulipa 'Ronaldo'
Gerbera germini 'Black Velvet'

WHITE – IVORY – YELLOW – OCHRE

- *Matthiola incana* 'Aida'
  Ranunculus 'Ranobelle Inra Wit'
- *Gerbera jamesonii* 'Dalma'
  Trachellium caeruleum 'Lake Powell'
- *Brassica oleracea* 'Corgy White'
  Rosa 'Avalanche'
- *Eustoma russellianum* 'Charm Wit'
  Tulipa 'Winterburgh'
- *Anthurium* 'Vanilla'
  Lilium 'Pompeii'
- *Antirhinum majus* 'Pontiac Yellow'
  Rosa 'Limonia'
- *Dendrathema indicum santini* 'Yellow Stallion'
  Zantedeschia aethiopica 'Cleopatra'
- *Forsythia intermedia* 'Spectabilis'
  Mimosa 'Yellow Island'
- *Gerbera germini* 'Talisa Yellow'
  Helianthus annus 'Elite Sun'
- *Gerbera germini* 'Calypso'
  Rosa 'Dakar'
- *Hamamelis mollis* 'Goldcrest'
  Lysimachia vulgaris 'Firecracker'
- *Anethum graveolens*
  Celosia cristata 'Bombay Yellow'

LIME GREEN – MINT – DARK GREEN

- *Dianthus* 'Prado'
  Rosa 'Kilmanjaro'
- *Helleborus argutifolius* (seedheads)
  Anthurium 'Midori'
- *Amaranthus cruentus* 'Pigmy Viridus'
  Molucella laevis
- *Dendranthema* 'Shamrock'
  Viburnum tinus
- *Phormium tenax* 'Variegatum'
  Zantedeschia aethiopica 'Green Goddess'
- *Eucalyptus globulus* (buds)
  Garrya elliptica
- *Eucalyptus cinerea* (leaf)
  Eucalyptus parnifolia
- *Hosta* 'Blue Moon'
  Picea pungens 'Glauca'
- *Leucadendron discolor*
  Celosia cristata 'Bombay Green'
- *Nigella orientalis* 'Transformer' (seedheads)
  Asparagus retro-fractus
- *Cyperus papyrus*
  Papaver somniferum 'Hen and Chicken' (seedheads)
- *Aspidistra elatior*
  Prunus laurocerasus

LILAC – PURPLE – DEEP PURPLE

Delphinium 'Silk Pink Arrow'
Osteospermum 'Volti'

Hyacinthus orientalis 'Splendid'
Syringa 'Ruhm von Horstenstein'

Delphinium elatum 'Yvonne'
Scabiosa atropurpurea

Eustoma russellianum 'Malibu Lilac'
Lathyrus odoratus 'Lilac'

Delphinium 'Christel'
Lilac syringa 'Ludwig'

Eryngium 'Blue Angel'
Iris 'Mercedes'

Leucocoryne 'Caravelle'
Platycodon grandiflorus

Hyacinthus orientalis 'Milka'
Tulipa 'Double Price'

Ageratum 'Escobar'
Phlox 'Amethyst'

Tulipa 'Blue Diamond'
Liatris spicata 'Bluebird'

Anemone coronaria 'Violet'
Tulipa 'Arabian Mystery'

Eustoma russellianum 'Kyoto Purple'
Gladiolus 'Violetta'

PINK – BURGUNDY – BROWN

Lilium 'Woodriff's Memory'
Rosa 'Anna'

Gerbera 'Pink Elegance'
Rosa 'Royal Renata'

Anthurium 'Spirit Rose'
Zantedeschia aethiopica 'Intrique'

Mini cymbidium orchid 'Alison'
Sedum spectabile

Leucodendron 'Safari Sunset'
Skimmia japonica 'Rubella'

Hippeastrum 'Lilac Favourite'
Matthiola incana 'Francesca'

Astrantia major 'Rosea'
Rosa 'Nicole'

Anthurium 'Rapido'
Chamelaucium uncinatum 'Purple Pride'

Anigozanthus 'Bush Sunset'
Berzelia alopecuroides

Banksia ericafolia
Zea mays indurata

Anthurium 'Choco'
Myrica gale

Paphiopedulum King Arthur cultivars
Quercus palustris

PALE PINK – MID PINK – BRIGHT PINK

Hippeastrum 'Apple Blossom'
Tulipa 'Angelique'

Cirsium japonicum 'Pink Beauty'
Lilium 'Vivaldi'

Eustoma russellianum 'Echo Moon Pink'
Prunus species (blossom)

Gerbera jamesonii 'Purple Rain'
Protea cynaroides

Rosa 'Blue Curiosa'
Lathyrus latifolius

Bouvardia 'Royal Rebecca'
Rosa 'Ballet'

Dahlia 'Karma Lagoon'
Musa ornata

Dianthus 'L'armour Lila'
Tulipa 'Grafitti'

Cymbidium 'Miss Pink'
Phalaenopsis schilleriana hybrid

Antirrhinum majus 'Costa Magenta'
Rosa 'Purple Cezanne'

Alstroemeria 'Ibiza'
Gerbera germini 'Sardana'

GREY – PALE BLUE – DARK BLUE

Limonium latifolium 'Sunglow White'
Senecio cineraria 'Silver Dust'

Acacia baileyana purpurea
Eryngium 'Blue Angel'

Myosotis sylvatica
Tweedia caerula

Delphinium belladonna 'Sky Blue'
Muscari 'Blue Eyes'

Gilia capita
Salvia patens 'Cambridge Blue'

Hyacinthus 'Delft Blue'
Scilla non-scripta

Echinops bannaticus 'Blue Globe'
Eryngium 'Supernova'

Delphinium 'Harlequin'
Triteleia 'Corrina'

Agapanthus 'Intermedia'
Veronica 'Dark Martje'

Delphinium 'Blue Bee'
Gentiana 'Sky'

Muscari latifolium
Viburnum tinus (berries)

PEACH – RUST

Gerbera jamesonii 'Josintha'
Rosa 'Porcelaine'

Gerbera gemini 'Alarda'
Rosa 'Mystique'

Hypericum 'Honey Flower'
Rosa 'Oriental Curiosa'

Rosa 'Pretty Woman'
Paeonia 'Coral Charm'

Lilium 'Salmon Classic'
Chrysanthemum 'Reagan Peach'

Delphinium 'Princess Caroline'
Hippeastrum 'Rilona'

Rosa 'Spicy rose'
Zantedeschia aethiopica 'Treasure'

Dendranthema 'Tiger'
Gerbera germini 'Genesis'

Gerbera jamesonii 'Lynx'
Rosa 'Leonardis'

Fagus species
Hypericum 'Dual Flair'

Dracunculus vulgaris
Salix matsudana tortuosa

CHAMPAGNE – ORANGE – RED

Gerbera jamesonii 'Orca'
Rosa 'Vendelle'

Lilium 'Royal Lane'
Rosa 'Metallina'

Gerbera jamesonii 'Pound Sterling'
Rosa 'Versilla'

Fritillaria 'Crown Imperial'
Gerbera jamesonii 'Amaretto'

Lilium 'Rumba'
Tulipa 'Ballerina'

Celosia cristata 'Persimmon Chief'
Rosa 'Macarena'

Gerbera jamesonii 'Mistique'
Rosa 'Naranga'

Anthurium 'Senator'
Heliconia 'Lobster'

Gerbera germini 'Jaimi'
Tulipa 'Ile de France'

Anthurium 'Tropical'
Rosa 'Passion'

Chrysanthemum 'Klondike'
Rosa 'Amore'

/참/고/문/헌/

Emily Chalmers, Table Inspirations, Ryland Peters & Small, 2001.

Malcolm Hillier, Flowers, Dorling Kindersley, 2000.

Paula Pryke, Living Colour, Jacqui Small, 2001.

Paula Pryke, Wedding Flowers, Jacqui Small, 2004.

Philippa Glanville & Hilary Young, Elegant Eating, V & A Publications, 2002.

Preston Bailey, Design for Entertaining, Bulfinch, 2002.

Profil Floral, Weihnachts Zeit Ⅱ, Thalacker Medien, 2001.

Tricia Guild, Think Color, Chronicle Books, 2003.

久保 政 외 3인, 4人の フローリストーデザイナー, 誠文堂新光社, 1993.

今田美奈子, 貴婦人が愛した食卓芸術, 角川書店, 2001.

丸山洋子, テーブルコーディネート, 共立速記印刷株式會社, 2001.

권영걸 외 25인, 색이 만드는 미래, 국제, 2002.

고하수, 한국의 꽃 예술사 I, 하수, 1999.

박정혜, 조선시대 궁중기록화 연구, 일지사, 2003.

박후남, 미국과 독일 Flower arrangement 조형의 비교분석 연구, 대구대학교 석사학위논문, 2003.

서수옥, 플라워 디자인 교본, 알라딘, 1999.

이영혜 편저, 웨스턴 플라워 디자인, 한림, 1989.

이유주, 식공간 디자인 양식사, 경춘사, 2004.

이진민 · 서정호, 공간 연출 디자인/꽃과 테이블, 유니프, 2004.

이진민 · 서정호, 테이블 데커레이션에 나타난 화예디자인에 관한 연구, 한국화예디자인학회 논문집 Vol.6, 2002.

인아, (화예 장식사 자격시험을 위한)플라워 디자인, 인아, 2000.

정혜인 외 2인, 화훼식물도감, SAY, 2004.

진미자, 화예 디자인, 미진사, 1998.

진미자, 화예디자인의 표현과 기법, 미진사, 2001.

한국꽃예술학회, 꽃예술사전, 미진사, 2002.

한국꽃예술협회, (KEDI 화예전공 표준교육과정에 따른)플라워 디자인, 인아, 2004.

한국플라워디자인협회, (정석)플라워 디자인, 인아, 1998.

한국화예디자인학회, 한국화예대사전, 인아, 2003.

한석우, 플로랄 캔들이 지닌 조형성과 화예디자인에서의 형태 속성, 한국화예디자인학회 논문집, Vol.5,2001.